シニアになって、ひとり旅

下川裕治

朝日文庫

本書は書き下ろしです。

シニアになって、ひとり旅●目次

はじめに

本書は旅の因子を深く抱えもってしまった僕が、失いつつあった旅をどうとり戻していったのか……その記録のように読んでもらってもいいと思う。原因はコロナ禍である。旅は不要不急のものとなり、二年以上も封印されてしまった。その嵐が去り、僕は身近な世界からまた旅をはじめた。

新型コロナウイルスは分け隔てのない生き物だった。富める人も貧しい人も、若者もシニアも平等に感染させた。しかし基礎疾患がある人が多いシニアや高齢者はより神経質にならざるを得なかった。

タイトルに「シニア」を使っているが、考えてみれば曖昧な言葉でもある。いったい何歳ぐらいから何歳ぐらいまでがシニアなのかが判然としない。しかしそれ以前に、シニアには特定の志向とか傾向があるだろうか……と悩みはじめてしまった。そこが定まらなければ、年齢の区分けもしづらい。

世間には、「最近の若者は……」など若者を総体としてとらえるいい方がある。しかしシニアにはそれがない。おそらくシニアにはそれぞれが積み重ねた人生があり、そこに裏打ちされた志向は多岐にわたっているからだろう。若者に比べれば、シニアのほうが個性的で、物ごとに対する一家言をもっている。だからときに口うるさいと煙たがられる。

そんなシニアの旅を考えていったとき、「ひとり」という状況に辿り着いた。僕自身もコロナ禍を経て「ひとり旅」に傾いていったが、人生を重ねてきたシニアだからこそ味わえる旅があるかとも思う。そのキーワードが「ひとり」……ではないかと。若者にとってシニアはピンとこないかもしれないが、一足先にそういうひとり旅をはじめる世代と考えてもらえれば、少しは親近感が湧くかもしれない。

ヒンドゥー教の教えのなかに、人生を四つのステージにわけて生きるというものがある。学生期《がくしょうき》、家住期《かじゅうき》、林住期《りんじゅうき》、遊行期《ゆぎょうき》と訳されている。ヒンドゥーの教理のなかでも、比較的わかりやすいことが、日本でも知る人が多い理由のようにも思う。学生期は保育園や幼稚園に通いはじめ、小学校、中学校、高校、大学などと進んでいく時期になる。大人になるためにさまざまなことを学んでいく時期ということだろうか。

家住期は仕事をはじめ、家庭をもち、子供を育てていく時期にあたる。日本人の人生にあてはめれば、就職から結婚……そして会社勤めをつづけた人なら定年までがその時期になる。

林住期はヒンドゥーの教えでは、仕事や家族と離れ、林のなかに入って自分に向かいあっていく時期とされている。

遊行期は林のなかの住み家からも離れ、放浪をしながら死を迎える時期ということになっている。

学生時代、この教えを知ったとき、学生期と家住期はすぐに理解できたが、その先で考え込んでしまった。仕事や家族と離れ、ひとり林のなかで暮らし、その先はそれさえ捨てて放浪の旅に出る……。一般的な人生の軌跡からは少しというか、かなりかけ離れていた。だがヒンドゥーの教えの最大の魅力は、この林住期や遊行期にあると思う。だから多くの日本人がこの発想を脳裡に刻み込んでいく。

僕にとっても消えない教理として頭のなかに残っていたが、あくまでもヒンドゥーの教えといった領域だった。

しかしインドに何回か向かい、ヒンドゥー教の聖地でもあるバラナシで目にした光景には考え込んでしまった。流れるガンジス川の河原で、そこに座り込む物乞いの列を目にしたときはショックだった。

「本当にやっている人がいるんだ」

目の前に遊行期に入ったインド人がいた。彼らはすべてを捨てて、物乞いになり、人生を終えようとしていた。はじめて見たときはそう思った。それがある種のインドマジックとして頭に収まっていくのは少し後のことだ。

本当に遊行期を実践に移すのは大変なことだ。それはヒンドゥー教徒が大多数であるインド人も変わらない。実際、インド人たちも、ガンジスの河畔で物乞いをする人々を、「プアーピルグリム」と呼んでいた。貧しい巡礼者ということになる。ヒンドゥーの教えに従えば巡礼者でいいのだが、そこにプアーをつける。貧しくなかったら遊行期を実践したりはしないわけだ。

あれはインド最南端の街、カーニャクマリを訪ねたときだった。ここもヒンドゥー教の聖地のひとつだったが、そこでひとりの若者と話をした。目の前は海で、そこで沐浴を繰り返すヒンドゥー教徒が何人もいた。日本では、沐浴はベビーバスなどで赤ちゃんの体を洗うことを意味することが多いが、インドで沐浴といったら、川や海の水で体を浄めることを意味する。

「海での沐浴は海水浴と思えばできるけど、川で沐浴なんてとてもできませんよ。インドの川の汚れ具合、知ってます？」

彼はそういった。僕はバラナシのガンジス川を思い出していた。ガンジス川に身を沈める沐浴は、敬虔なヒンドゥー教徒なら必須の宗教イベントだった。しかしガンジス川にはゴミが浮き、かなり汚れていた。いまのインドの若者は、生理的にそんな沐浴は受けつけない。彼らは生まれてからこのかた、シャワーでしか体を洗ったことがない世代だった。

ヒンドゥーの人生を四つにわける思想も、日本社会にはマッチしない。しかし心のなかには、憧れのようなものとして、林住期と遊行期があるように思う。日本人の人生を仕事や年齢にあてはめると、林住期は仕事を引退してから七十五歳ぐらいまでを指すような気がする。それ以降は遊行期。日本では後期高齢者ということになる。

その伝でいえば、シニアのひとり旅は、林住期の旅になる。仕事や家族を捨てて……ということはなかなかできない。しかしその思想は、旅のなかに投影される。偽林住期の旅といわれてしまえばそれまでだが、ひとりの旅を思い描く裏には、林住期という発想に近いものがある気がする。

人は最後にはひとりになりたいのだろうか。

そんな思いを突き詰めていくと哲学の領域に入り込んでいってしまうが、旅とは都合がいいものだ。家では口うるさい女房がいてひとりにはなれないが、旅をしているというと、どこかひとりに対して免罪符のようなものが働いて、すんなりと歩くことができる。それがタイトルでもある、「シニアになって、ひとり旅」だと思うのだ。

僕の旅はひとり旅からはじまった。本書でも触れているが、高校時代、キハと呼ばれた気動車に乗って冬の北陸を旅した。若い頃はひとり旅というものに憧れるものだ。それまでは家庭という空間から離れることなく暮らしているわけで、ひとりで生きるという人生への背伸びを旅というものに重ねあわせるようなところがあった。

僕のひとり旅は三十代の半ばまでつづいた。その後、家族ができる時期とほぼ同じ頃から、僕は旅を本や雑誌に書く仕事に傾いていく。それまでのひとり旅はその内容を発表することがない個の世界だ。それだけ純粋に旅ができたのだが、旅を仕事にするとさまざまな思惑にとり込まれていく。はじめの頃、旅を仕事に売ったような感覚があったが、生きていくためにはこなしていくしかなかった。

旅を仕事にするようになって大きく変わったのは、カメラマンという同行者との旅になったことだ。彼らがいるお陰で、僕の旅はずいぶん楽になったが、当然、気遣いも生まれてくる。本にまとめるという目的があるから、出版社や編集者の顔も脳裡から離れない。

仕事がかかわらない旅といえば家族旅行になった。そこでもひとりにはなれない。ひとりで旅をする機会はまったくといっていいほどなくなってしまった。

その環境が一変するきっかけは、新型コロナウイルスの世界的な蔓延《まんえん》だった。旅は不要不急という流れのなかで、国内、海外を問わず、旅は封印されていってしまう。僕はその風潮に抗うように海外への旅に出たが、それは本にまとめるあてのない旅だった。皆、旅に出ることが難しいのだから、旅を描く本が発行されるわけがなかった。旅に出ても収入はないわけだから、カメラマンが同行することも難しかった。僕は三十代の半ば以降、三十数年ぶりにひとり旅を手に入れたが、本にならないのだから、それはヒンドゥー教の教えでいう家住期の旅ではなかった。

僕にとっての家住期から林住期の境界は新型コロナウイルスだったということになる。

子供も成長し、妻も歳を重ね、以前のような家族旅行も難しくなった。

ヒンドゥー教の教えは、ぴったりと僕の人生というか、旅をいいあてたことになる。林住期の旅がはじまるということか。

学生期のひとり旅と林住期のひとり旅は違う。同じキハという気動車に乗り、車窓風景を眺めていると、その違いははっきりとわかる。その旅を描き切れているのか。林住期旅の初心者はいま、不安のなかにいる。

二〇二四年二月

下川裕治

シニアになって、ひとり旅

第一章
デパート大食堂が花巻にあった

シニアのひとり旅は、ときに懐古趣味に染まってしまうことが多い。年齢を重ねれば、その間に少なからず旅の蓄積が入り込んでくる。若い頃に訪ねたあの街にもう一度行ってみたい……。もっと歳をとると、「死ぬまでに一度、富士山を眺めたい」などという言葉で周囲を困惑させることになる。

若い人たちは同じ街を再度訪ねることは少ない。好奇心がそれを許さないのだろう。連休を前に、知らない街の情報サイトをスマホで眺めたりする。ところがある年齢を境に、昔、訪ねた場所にもう一度向かいたくなる。それは旅の老化なのかもしれないが、こうして人は旅というもののバランスを保っているのかもしれない。

意図的につくられたレトロな駅舎や街並みに若者は「おしゃれ」などと声をあげるかもしれないが、シニアは反応しない。若い頃の記憶は脳裡に残っているわけだから、どうしても粗《あら》が見えてしまう。レトロな駅をつくった背後に町おこしとかＮＰＯ法人といった単語が見え隠れしてしまう経験知もある。

しかし東北本線の花巻駅は、そんな記憶の糸口もみつからないほど味気ない駅だっ

駅前に飲食店はなかった。ロータリーが広く映る

た。ホーム脇に建つ駅舎は、どこにでもある地方駅の趣だった。大谷翔平は少し南の奥州市の出身だが、花巻市内にある花巻東高校を卒業している。彼にちなんだポスターとか、「大谷選手が高校時代をすごした花巻にようこそ」などと書かれた横断幕があるのかとも思ったが、それすらみつからなかった。

駅舎を出て周囲を見渡す。右手に八階建てのホテルが一棟、ポツンと建っているだけだった。周囲の建物も小ぶりで、その上に東北の空が高く広がっていた。

花巻を訪ねたのは二回目だった。はじめて訪ねたのは大学時代。宮澤賢治の世界を見てみたかった。五十年近く前の旅で、記憶はおぼろげだが、駅周辺はもう少し密度があった気がする。これが人口九万人ほどの地方都市の現実なのかもしれない。

再び花巻にやってきたのはデパートに行くためだった。いや、正確にいうと、マルカンビル大食堂という、デパートの食堂に食指が動いたのだ。日本でデパートの大食堂が残っているのはここぐらいではという話だった。

デパートの大食堂——。そこには子供の頃の日々がぎっしり詰まっていた。僕は一九五四年生まれである。昭和二十九年。同世代の知人とデパートの大食堂の話をすると、お子様ランチ、ソフトクリーム、カレーライス……とメニューが機関銃のように飛びだしてくる。しかしデパートが消えていくなかで、デパートの大食堂も姿を消していってしまった。

マルカンビル大食堂は、一九七三年にオープンしたマルカン百貨店、通称マルカンデパートの六階にある展望大食堂だった。しかし百貨店自体は二〇一六年に閉店。だが大食堂は翌年に復活していた。大食堂は百貨店のビルの六階にあるはずだった。ということは、百貨店の建物は残っているはずだ。

その建物は花巻駅前にあるとばかり思っていた。しかし駅舎を出ても、それらしい建物はない。

「駅前デパートじゃないんだ」

慌ててＧｏｏｇｌｅマップを開いた。

デパートは歩いて十五分ほどのところにあった。

その地図を目にしたとき、子供の頃の記憶につながった。小学校の三年から中学を卒業するまで、長野県の長野市に暮らしていた。長野市のシンボルは善光寺である。長野駅付近から善光寺まで一本の道がのびていた。緩く傾斜したその坂道に沿って繁華街が広がっていた。その途中に丸光《まるみつ》百貨店というデパートがあった。そこが長野市の商店街の中心のようなつくりになっていた。小学生の僕にとってデパートといえば丸光百貨店だった。このデパートも駅前にはなかった。当時は国鉄といったＪＲの長野駅と丸光は少し離れていた。

花巻も同じような構造だったのかもしれない。駅から歩けば十五分ほどのところに繁華街がある……上町《かみちょう》という場所にマルカンビル大食堂があることになっていた。

長野市の資料を見ると、丸光百貨店が市内の問御所町《といごしょまち》に開店したのは一九五七年。翌年にはすぐ近くに、その後「ながの丸善」になる丸善銀座屋もオープンしている。この一帯は多くの客を集め、歩道は人が溢れるほどだったという。まさに長野市の繁華街だったのだ。

しかし長野市では街の構造変化が起きていく。人の流れが少しずつ長野駅周辺に移っていく。それは多くの地方都市で起きた構造変化なのかもしれない。その動きのなかで、百貨店は静かに衰退の道を歩きはじめるのだ。「ながの丸善」は一九六六年に、長野駅前に移っていく。僕は十二歳だった。丸光百貨店は元の場所に残っていたから、僕にとってのデパートは丸光百貨店ということになった気がする。地方都市の小中学生にとって鉄道の駅はそれほど縁がない存在である。僕の生活圏は自宅や学校周辺で、特別なことがなければ駅には行かなかった。

マルカン百貨店は花巻市の上町にあった。ここが繁華街だったはずだ。花巻も人の流れは駅周辺に移っていったのだろうか。しかしマルカン百貨店は駅近くに移転することもなく、上町で営業をつづけていた。

話を全国に広げると、駅周辺に移った百貨店も安泰というわけではなかった。大都市のターミナル駅にあるデパートは、電車の乗り換え客に支えられていくが、地方は違った。急速な車社会化の波に襲われるのだ。広い駐車スペースを確保できない駅前の百貨店はスルーされ、郊外の量販店に車ごと吸い込まれていく時代に入っていく。経済産業省の商業動態統計を見ると、一九九六年には約六兆三千億円あった売りあげは、二〇一〇年には約三兆七千億円に減っている。約四二パーセントも減ってしまった。地方の人口はここまで減ってはいないから、百貨店が一気に衰退していったことになる。この時期はバブル崩壊がもたらした平成不況と重なっている。一九九七年には山一證券、北海道拓殖銀行などの金融機関が破綻に追い込まれていく。

あれは二〇〇〇年のことだった。フリーランスのライターとして雑多な仕事をこなしていたとき、温泉の取材で九州の別府を訪れたことがあった。駅前には別府近鉄百貨店の大きな建物があった。しかしすでに閉店していた。

「閉店してからもう何年もすぎました。新しい店舗になってほしいんですが、手を挙げるのはパチンコ店ばかりで。市としても駅前にどーんとパチンコ店があるというのもイメージの問題があって……」

温泉を案内してくれた別府市の職員はそんな話をしてくれた。

百貨店は全国レベルで衰退の波に洗われていたのだ。新しい量販店が勢いを増していた。デパートというものは、どこかその街のランドマークというか、象徴のような役割をもたされていた。中元や歳暮に限らず、贈答品は街を代表するデパートの包装紙で手渡すといった風潮もあった。ほかの街へ行けば、知っている人も少ないデパート名が、その街では燦然《さんぜん》と輝くブランドだった。

だからこそ、閉店という話はニュースになった。なにかにつけ話題にのぼる。デパートがパチンコ店に身売りされるというのは、街の人にとっても抵抗感があったのだろう。

そんな波は花巻にも押し寄せていた。マルカン百貨店はそのなかで生きのびたほうなのかもしれない。二〇一六年まで営業をつづけていた。年代的にみても、大谷翔平もこのデパートは知っているはずである。

Googleマップを頼りに、マルカンビル大食堂をめざした。幅の広く、トラックがかなりのスピードで走る駅前の道を進むと、なんとなく道がカーブして、しだいに古い商店街に入り込んでいく。やがてアーケードがある通りに出た。吹張《ふっぱり》商店街というパネルが見えた。小さな店が連なっているが客はほとんどいない。しかしシャッター街にならないという境界線上のような街並みだった。

そこをすぎると橋の上に出た。大堰川《おおぜきがわ》プロムナードという表示があった。のぞいてみると、川に沿って遊歩道がつくられていた。さらに進むと上町商店街になった。

「ここだろうか」

百メートルほど先の交差点に百貨店らしい建物が見えた。近づくと、正面に「MARUKAN」というかなり大きな文字が目に入った。

吹張商店街。シャッター通り一歩手前？　マルカンビル大食堂はこの先

入口は百貨店のそれだった。しかしなかに入ると、そこには花巻の物産を並べた店舗が入っていた。どこか道の駅に似ている。買い物をしているのも観光客のような雰囲気だった。花巻温泉に泊まり、宮沢賢治記念館を巡り……マルカンビルの一階で土産物を選ぶ人たちのなかには、六階にある大食堂を知らない人もいる気がする。いや、ここがかつてはデパートだったことに気づかない人もいるはずだ。デパートだったら、一階は化粧品のにおいが漂っていなくてはいけない。しかしここには、地元でつくられたヨーグルトやこけし、傘といった工芸品が並んでいる。

マルカンビル大食堂の方向を示す矢印を頼りに進むと、エレベーターがあった。各階の案内が出ていた。二階にはいくつかのオフィスなどが入っていた。三階から五階は閉鎖。六階が大食堂だった。

一瞬、足が止まった。エレベーターが開くと、その前のスペースの照明は落とされていた。その理由がすぐわかる。左右の壁一面を料理のサンプルが並ぶショーケース棚が占めていたのだ。照明を抑えているのは、そのショーケースを浮きたたせるためだった。

棚は大きく、百七十二センチある僕の背丈より高い。数えてみると七段もあった。料理サンプルをどう並べようか……。食堂のスタッフが悩む顔が想像できそうな規模だった。やはり売れ筋は見やすいところだろうか。子供が好きそうなパフェは中段。そう眺めると、最上段にはビール壜が並べられていた。最上段に置かれたサンプルは見あげるようになるが、大人なら目に入る高さだ。

とにかく品数が多い。圧巻である。最近の店で、この料理サンプルを並べる店がどれほどあるだろうか。

ときどき商店街のそば屋の入口脇に、置物のように数品のサンプルが並んでいる

なにも知らなかったらデパート風情？　建物はかなり老朽化しているが

マルカンビル大食堂にあがるエレベーター。期待が膨らむ

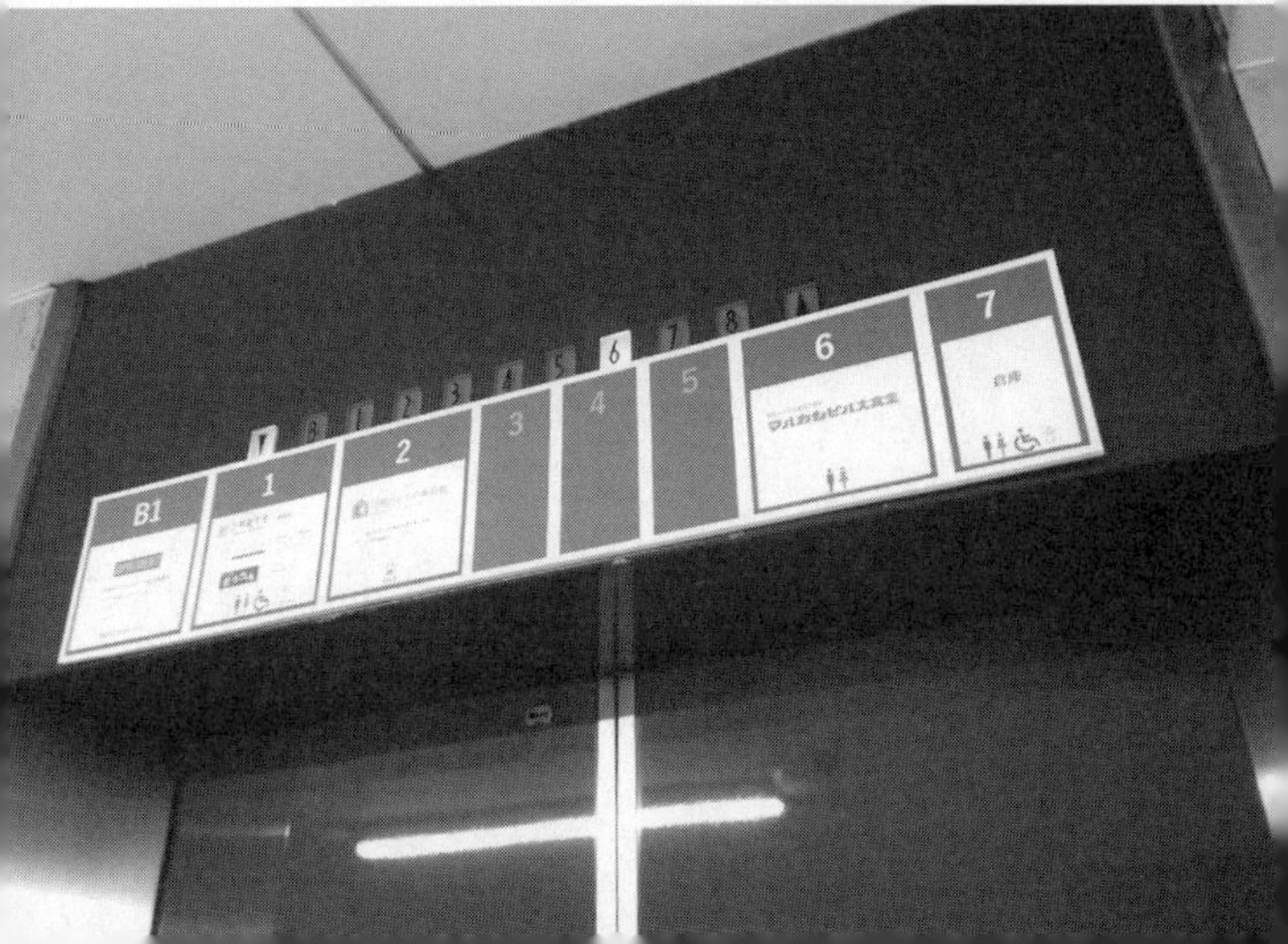

ことがある。もう何十年もそこに放置されたような年季というか古さがあり、ときに割れ目の入ったものや、埃《ほこり》で黒ずんだサンプルもある。新しい店はもっぱら写真である。パネル式も増えてきた。

しかしここはデパートの大食堂である。意地でも料理サンプルを並べなければ沽《こ》券《けん》にかかわるような気合が伝わってくる。久しぶりに現役サンプルを目にしたような気分でうれしくなる。

改めて料理サンプルに見入ってしまった。麺類はラーメン系、日本そば、スパゲティ……と近くに集めている。そして定食各種、おッ、寿司もある。そしてデパート大食堂には欠かせないお子様ランチもある。デザートらしいプリンのうえには旗もさしてある。ハンバーグにマカロニサラダ。その上にはちゃんと缶詰の赤いサクランボも載っていた。すべて昔のままだ。抜かりはない……そんなメニューである。

料理サンプルを眺めながら、茫漠とした不安が頭をもたげてきた。懐かしいのだが、その先にあるはずの味の記憶が蘇ってこない。なにしろデパートの大食堂は三十年以上縁がなかったのだ。デパート大食堂を求めてやってくるシニアは、記憶を探りながら、子供の頃に食べた料理を思い出そうとする。食通の因子をもっているような人や、絶対味覚のようなものがある人は、食べた料理やその味などを鮮明に

この前でかなり悩んだ。これほど迷ったのは久しぶりだ

思い出すことができるのかもしれない。しかし僕のように薄ぼんやりとした凡庸な少年時代を送ったタイプは困るのだ。ラーメン、ハンバーグ、お子様ランチ……視覚の記憶はある。しかし味覚まで辿り着けない。

そういうシニアにどういうメニューを用意したらいいのか。シンプルにラーメンでいいのかもしれない。なんの説明も加えずに。シニアはそれを頼み、「こういう味だったような気がする」と満足する。もうデパートの大食堂に座っただけで、目的の大半は達成しているのだ。

しかしいまを生きるデパートの大食堂はそれでいいのか、という問題がスタッフのなかでは湧きおこって当然である。レトロな雰囲気を保っているが、実際にやってくる客は、懐かしさだけで満足してしまうシニアだけではない。客席を見渡すと、席を埋めている人たちの年齢は子供から老人まで幅広い。花巻市やその近隣で育った人は、身近なところにデパートの大食堂があるという、日本では貴重な存在である。しかし大人になって花巻市に住みはじめた人のなかには、デパートの大食堂を知らない人も少なくない。一九九〇年代後半からデパートの閉店に拍車がかかっている。育った街にもよるが、仮に一九九五年に五歳だった人にはデパートというものの記憶がない人が少なくないはずだ。彼らはいま三十代の前半に達している。その世代は、ラーメンひとつとっても、専門店の激しい競争の時代を生きてきたから、皆、舌が肥えている。その世代にも満足してもらえるラーメンを提供していかなくてはならない。

料理サンプルのなかから、ラーメン系を拾っていく。焼肉ラーメン、わかめラーメン、チャーシュー麺、タンメン、みそラーメン、そして人気が高いというマルカンラーメン……。さらにショーケースを追っていくと、

「あった」

とつい短い声をあげてしまった。

中華そば――。

そういうことなのだ。ショーケースに並ぶ数々のラーメンメニューは、デパートの大食堂の記憶がなかったり、おぼろげだったりする人たち向けだった。ここはラーメン専門店ではなく、デパートの大食堂だから、ラーメンのスープや具は多様になる。しかし中華そばというメニューははずせない。

やってきたシニア層は、ゾーンの広いメニューにデパートの大食堂の世界を感じとって堪能するのだが、いざ、注文という段になって困る。

「子供の頃にでかけたデパートの大食堂に焼肉ラーメンなんてなかったよなぁ」

そしてショーケースを舐めるように見ながら、中華そばというサンプルに辿り着き、これだ、と注文が決まる。

それはカレーも同じだった。カレーの専門店ではないから、辛さを調節できないし、ホウレンソウのカレー、キーマカレーなど本格的なインドのカレーには踏み込まない。しかしカレーライスと一緒にハンバーグカレーがショーケースに並ぶ。子供の頃、デパートの大食堂で食べたハンバーグカレー……。シニアの記憶とつながるメニューだった。パフェ系のデザートや飲み物もそうだった。レモンスカッシュをショーケースの棚でみつけたときは唸ってしまった。昭和という時代が漂う飲み物で、「レスカ」という略称を知っている若者は少ないかもしれない。いま風のおしゃれなカフェではシーラカンスメニューでもある。

花巻に向かう前、デパートの大食堂に行ってみるという話を知人にすると、

「いまでいったらファミリーレストランでしょ」

といわれた。しかしこの料理サンプルの数の多さは、ファミリーレストランとの違いを浮きたたせていた。たしかにファミリーレストランのメニューは幅広い。だが、そこには売れ筋メニューを追求していくというチェーン店の戦略が透《す》けて見える。売れなくても中華そばのようなメニューを置くという発想はないのだ。一方で、マルカンビル大食堂は、人気と懐かしさの両者をとり込もうとしているからメニューは増えてしまう。マルカンビル大食堂には、中華そばがあり、レモンスカッシュがある。それはデパートの大食堂という立場を守る矜持《きょうじ》に映る。

それが詰まった料理サンプルのショーケースを眺めると、壮観という言葉が浮かんでくるほどだった。そこにはデパートの大食堂の歴史のようなものも詰まっている。

料理サンプルを店頭に並べる店はもう少ない。しかしマルカンビル大食堂のそれは、世の風潮など無視してどーんとそびえている。ここまでになると、潔《いさぎよ》さすら伝

わってくるのだ。

時刻は日曜日の午後三時頃だった。エレベーターが開くたびに数人の客がやってきて、ショーケースの前に立つ。彼らはさっと歩みを進めて脇にある食券売り場に向かっていく。きっと地元の人なのだろう。好みも決まっているし、メニューも大方把握している。ここまでやってくる車のなかで、ハンドルを握りながら注文料理を決めたような雰囲気だった。時間がかかるのは子供と僕のようなシニアだった。子供たちはただ目移りしているだけなのだろうが、シニアはそうはいかない。

懐かしい料理もちゃんとメニューに載せる抜かりなさのなかで、これをつくる調理人のことを考えてもみる。何人ほどでつくっているのかはわからないが、スパゲティにトマトソースを絡めながら、寿司を握る？　天ぷらを揚げながら、プリンに旗を立てる？　焼肉ラーメンをつくりながら中華そばのスープの味見……。専門店の、たとえばスパゲティ店のコックとは違う能力が問われる厨房である。いや、みごとなほどの役割分担ができているのか。そんなことを考えてもみる。

ここにくる前、ネットでマルカンビル大食堂のメニューやいくつかのブログに目を通していた。健啖家《けんたんか》のカメラマンでも同行すれば、何種類かの料理を頼めるのだろうが、僕ひとりである。二品は食べようと腹を減らしてここまでやってきた。一応、ラーメン系とカレー系と決めていたのだが、このショーケースの前に立つと、腕を組んでしまう。迷うのだ。目に映る食べたい料理と、子供の頃の記憶がけんかをしてしまう。ブログでは、箸で食べる大きなソフトクリームがこの食堂の売りとして紹介されていた。料理サンプルの前に立つ若者グループの会話が耳に入る。彼らはそのソフトクリームを食べにきていた。僕の心は揺れ、

「やはりソフトクリームははずせない？ 子供の頃も食べた記憶がある。ラーメンとカレーを食べ、ソフトクリームまでいけるだろうか」

と、再びショーケースの前で腕を組むことになる。

えいッという気合で食券売り場に向かった。愛想のいい中年女性が、旧式のレジの前に座っていた。

「マルカンラーメンとカレーライスを」

マルカンラーメンはこの食堂の人気メニューだった。子供の頃に食べたラーメンとは違うが、ラーメンにうるさい客も満足できる自信作にも映る。マルカンビル大食堂にきたのだから、それを啜《すす》らないと悪いような気がした。七百八十円だった。カレー系で懐かしいデパート大食堂を味わってみたかった。となるとハンバーグカレーだった。子供の頃、長野市の丸光百貨店の大食堂で食べた気がする。しかしマ

マルカンビル大食堂。移動が簡単な安っぽいテーブル。昔のままだ

ルカンラーメンとハンバーグカレーでは量が多すぎる。七十歳近い僕の胃袋はもう若くない。そこでカレーライスにした。当時のカレーの味を舌は覚えていないが、どこかつながる世界を出してくれるような気もしたのだ。シニアひとり旅の思いだった。ブログなどではコクがある味だと書かれていた。五百円という値段も魅力だった。

午後三時という時間なのに日曜日のせいか、席は八割がた埋まっていた。資料によると五百六十席もあるという。たしかに大食堂である。テーブルの上には番号札が立っている。その番号は六十三まであった。三世代の家族客を考えているのか十人ほどが座れる大きなテーブルもある。テーブルは簡単に動かせるようで、近くに座っている八人家族も、テーブルをくっつけたのかもしれない。

テーブルにつくとウェイトレスがやってきた。デパート大食堂の記憶からすると少し年齢を重ねたウェイトレスだったが、当時のイメージを醸しだすためか、髪には白いカチューシャをつけている。テーブルには昔風の箸入れや百円玉を入れると運勢が書かれた紙がぽろんと出てくる占い機も置いてある。レトロ感を演出する小物なのだが、これも懐かしい。

ウェイトレスに食券を渡すと、さっとちぎって半券をテーブルに置いていってくれた。

僕はこの本のことを考えていた。写真を撮らなくては……と箸入れや店内の様子にレンズを向けた。

わさわさと取材モードで動いているうちに嫌な寒気を感じた。風邪だろうか。しかし熱がある感覚はない。椅子に座り考え込む。

なんだろうか。周囲を見渡してみる。にぎやかな光景が広がり、さまざまな音程の声が店内を包んでいる。音はそれほど高くない天井に反響し、店内に音溜まりをつくっている。

この空間だった。

席を埋めていたのは、圧倒的に家族だった。老人、その子供の夫婦に孫……。そんなテーブルが多い。子供の高い声が店内に響く。花巻に小さい子供たちがこれほどいることが意外だった。この街も高齢化の道を進んでいるはずだというのに、マルカンビル大食堂は、三十年前、いや四十年前に時間を戻したように家族がテーブルを囲んでいた。かなり遠くから事を走らせてきた人たちもいるのかもしれない。

子供の頃、たまに家族で長野市の丸光百貨店の大食堂に行った。日曜日だった。家族……父親はいつもいなかった。父親は高校の教師だった。高校野球に染まった人生を歩んだ。勤務先の高校では、いつも野球部の顧問を務めていた。

長野市で住んでいたのは教員住宅だったが、高校のグランドの脇に建っていた。部屋から野球部の練習風景がよく見えた。練習も後半になると、父親のノックタイムがはじまった。各ポジションにいる生徒に向かって父親が黙々とノックをつづける。ときに野手が球をはじいたりすると、父親の声が響く。僕は毎日、そんな姿を見ていた。

日曜日はいつもほかの高校との対外試合に出向いていた。そんな父親を母はどう思っていたのかはわからない。しかし日曜日の昼どき、母はなにを思ったのか、僕と四歳年下の妹と三人で百貨店の大食堂に向かった。

百貨店の大食堂へ行くのはある種、ハレの日だった。しかし本当のハレの日はもう少し高級な店に行く。百貨店の大食堂はちょっと小さなハレの日だった。デパートの大食堂で同級生と会うことが少し恥ずかしかった。

そのときなにを食べたのかはまったく覚えていない。しかし百貨店の大食堂の空気は鮮明に覚えている。色鮮やかな世界が広がる。入口近くに料理サンプルが並ぶ大きなショーケースがあった。ズラーッと並んだテーブル。窓から見える長野市の風景も覚えている。おそらく大食堂は丸光百貨店の最上階にあった気がする。そしてテーブルは、運動会の昼食のときのように家族で埋まっていた。

高度経済成長期のただなかだった。日々の生活は年を追って豊かになっていったのかもしれない。地方公務員である父親の給料も、着実に増えていたのだろうか。しかし突然の大金を手にするような仕事ではない。そんなレベルに、百貨店の大食堂はぴったりとはまっていた。そしてそのテーブルをさまざまな家族が囲む。そう、あの頃は家族というものの健全さがあたり前のように大食堂を包んでいた。

僕が知らなかっただけかもしれないが、不登校も僕が通う小学校にはなかった。摂食障害にも無縁な子供たちが、百貨店の大食堂でもりもりとカレーを頬張ってい

カレーは500円。家族連れを考えての値段設定？

た。

　寒気……。それは目の前に家族を見てしまったからだと思った。

　料理が運ばれてきた。マルカンラーメンはちょっとピリ辛の味つけだった。具にウズラの卵、カマボコ、キクラゲなどが載っている。東京や神奈川に多い家系ラーメンなどとは時空が違うラーメンである。

　カレーは家のカレーの味わいだった。カレー専門店のような鋭さはないが、ほっこりするような日本のカレーだ。その味が日本の米にマッチする。脇には福神漬けがちゃんと添えられていた。福神漬けはマルカンビル大食堂の演出のような気もした。

　駅前の大衆食堂のカレーは、三ツ矢サイダーと書かれたコップに水をいれ、そこにスプーンをさして出すのが流儀だった。しかしデパートの大食堂はそういうことはしなかった。駅前食堂より少し高級だった。

マルカンラーメンを啜り、カレーライスを口に運んだ。唸るような味ではなかった。味は及第点には達しているがそれ以上ではない。

そういうことか……。ひとり納得する。百貨店の大食堂はこれでなくてはいけないのだ。家族で大きなショーケースを眺める。それぞれに好みがある。大人たちは寿司や天ぷら。いや日本そばか。子供たちはお子様ランチやカレー、ラーメンに走り、中学生の男子はハンバーグが載ったカレーを満足そうにたいらげる。機嫌があまりよくない幼稚園児はソフトクリームでなだめようか。そういう要望を一気に引き受けたのが百貨店の大食堂だった。だから家族はこのスペースに集まってきたのだ。

マルカンラーメンを啜るうちに、そんな世界が色を帯びはじめる。

マルカンビル大食堂を紹介するブログなどを見ると、箸で食べる十段巻きソフトとか、ナポリかつといったメニューが、新しくできたカフェメニューのように書かれている。よく目にする飲食店ブログの典型だ。ステレオタイプのブログなのだ。

しかしお薦め料理を紹介するような書き方は、この食堂にはそぐわない気がする。

この大食堂には家族がいる。それだけでマルカンビル大食堂をいい切れるように思うのだ。その空気のなかで僕の脳の記憶は想起され、子供の頃にワープし、それは懐かしさを通り越して、背筋に走る寒気にも似た怖さになって襲ってくる。

大食堂はデパートが閉店する以前に変化していった。小さな専門店テナントに分化していく。凝ったラーメン店、しっかりとアルデンテに茹でられたスパゲティ、鶏の唐揚げ専門店、本格和食店、おしゃれなカフェ……。そこで食べる料理は、百貨店の大食堂の味を凌駕《りょうが》している。日本人は豊かになったのだ。本物を求め、それを味わう舌を備えていく。それは進化なのだろうが、そのなかで家族感のようなものが薄くなっていった。新鮮な刺身を食べたい大人の前で、カレー大好き少年は従うしかない。子供の好みに合わせる家庭は大人が我慢する。

それも家族だ。しかし百貨店の大食堂でそれぞれ好みの料理を前に笑顔になる世界とは違う。シニア世代の僕は、百貨店の大食堂を知っている。その空間に放り込まれたとき、懐かしさを通り越して寒気を覚える。子供時代の日々は、それほど甘美ではない。からみあった両親との関係や妹との軋轢《あつれき》が渦巻いている。その世界が堰《せき》を切ったように浮かびあがってしまう。

「ここはヤバい」

僕はそう思った。シニアひとり旅の目的地に、マルカンビル大食堂をすすめるかというと黙るしかない。花巻駅から歩いて十五分。古い繁華街にある大食堂は、今日も周辺からやってきた家族でにぎわっている。

シニアひとり旅の夕食

シニアひとり旅の食事。最近、ますます難しくなってきた気がする。コロナ禍はその傾向に拍車をかけてしまった気がしないでもない。

昼食はまだいい。駅近くや繁華街に出向けば、その土地の料理を出す店は簡単にみつかる。店も入りやすい。昼食だから、ひとりで食べても、孤独感のようなものに苛まれることもない。

問題は夜である。仕事柄、訪ねた日本国内の街は少なくない。以前はひとり旅でも入りやすい店があった気がする。店は中規模で、酒類もあるが麺料理や定食もあるような店。ある意味では中途半端な店なのだが、こういう店がひとり旅には好都合だった。ポイントはひとりで酒を飲んだり、食事をしても目立たないということのように思う。かといって若者が大騒ぎをするような店も敬遠してしまう。つまりは「ひとり旅」感をあまり抱かないということかもしれない。

日本の地方都市もチェーン店で染まっている。僕の自宅の最寄り駅はＪＲ中央線の阿佐ケ谷駅だが、駅周辺にある店と同じチェーン店が、地方都市の駅前にあることは珍しくない。とはいえ、地方都市のチェーン店のメニューにもその土地の料理が入り込んでいることがあるから入ってみることもある。

あれは山形県の新庄だっただろうか。駅前の有名なチェーン店に入ると、店員がやってきて、アプリは入れてあるかと訊かれた。

「はッ?」

急いで店の入口に向かい、QRコードを読み込み、個人データを打ち込む。会員になって改めてメニューを眺め、馬刺しを頼んでみた。新庄は馬刺しが名物だとなにかのパンフレットで目にした記憶があったからだ。訊くと、店員は「山形県のものかはわからない」という。チェーン店では、こういうことが繰り返されることが多い。

夜の新庄の街を歩いてみた。小さな店が多く、のれんが「常連客の店」と主張しているようで入りにくい。

岐阜の大垣駅近くには中規模な鶏肉料理の店があった。列車待ちの人もやってくる店でビールもある。こういう店が僕にとっての手頃なシニア向けの店という気がしないでもない。

福島駅前のビジネスホテルでひとり旅の夕食。ちょっと寂しい？

こういう店がコロナ禍で消えていってしまった。残ったのはチェーン店か常連向けの小料理店風の店。シニア旅向けの店が一気に減った気がする。中途半端な店は、新型コロナウイルスの嵐の被害をまともに受けてしまったのか。

最近の僕の旅――。まず駅周辺で手頃な店を探す。みつからないと、選択肢はチェーン店と常連向けの店になってしまう。最近はそこで諦める。スーパーが開いていればそこに向かう。惣菜コーナーに地元の料理が並んでいる。酒のコーナーではビールや地元の日本酒を探す。夜の八時もすぎるとコンビニになる。そこでビールとつまみや弁当を買ってホテルに戻る。

花巻のマルカンビル大食堂を訪ねた後、新幹線を使えばその日のうちに東京に戻ることもできた。しかしなにか味気なく、途中の福島で一泊することにした。例によって駅周辺で探したが適当な店はない。夜も十時をまわっていた。ホテル近くのコンビニに入り、おにぎりとビール。せっかく東北にきたのだから……とそれらしいつまみを探すのだが、福島のものがない。しかたなく笹かまぼこを買った。

「福島にいるけど、まあ、同じ東北の仙台ということで……」

シニアひとり旅の夕食は最近、精彩を欠きつつある。

第二章　キハの申し子世代、小湊鐵道に乗る

都心から電車で一時間強。JR内房線の五井《ごい》駅に着いたのは、昼少し前だった。ここから小湊鐵道《こみなとてつどう》に乗り換えることになる。

内房線のホームから階段をのぼってJR改札口の手前に出た。周囲を見渡したが、小湊鐵道の切符売り場がみつからない。小湊鐵道は私鉄だから、JRとは別の場所に切符売り場があるはずだった。

左手で弁当が売られていた。会議用のテーブルの上に並べられている。コンビニ弁当とは違う手づくり風の弁当である。その前で年配の女性がふたり、暇そうに立っていた。東京のターミナル駅の新幹線や特急が発車するホームなどでは弁当が売られているが、どこも売店内に置かれている。テーブルの上に並べて売られてはいない。それ以外の都心の駅は弁当すら売っていない。いや、最近は地方の駅でもめったに目にしない。なにか急に出合ったローカルな世界に、「今日の昼は車内で弁当もいいなぁ」と、少し食指が動いた。

しかしまずは列車である。今日は小湊鐵道の列車に乗るためにきたのだ。

「JRの改札をいったん出るのかもしれない」

自動改札機にSuicaをかざして改札を出た。そこにも小湊鐵道の切符売り場がなかった。小湊鐵道の五井駅の改札は少し離れているのかも……と通路左側に少し進んでみた。窓から下をのぞくと線路が見えた。そこに見覚えのある車両が停車していた。オレンジ色とベージュ色に塗りわけられたボディが強い日射しを受けている。

「キハ……」

鉄道オタクを自称するファンなら即座に車両形式を口にできるのだろうが、僕はそれほど詳しくない。線路をまたぐようにつくられた通路から見ただけでは、それがなんの車両なのか判別ができない。

通路を端まで進み、階段をおりてみた。キハらしき車両が停車しているホームに近づけばそこに小湊鐵道の改札や切符売り場があるような気がしたのだ。

そこにあったのは「こみなと待合室」だった。気温が三十五度を超える暑い一日だった。その建物に入ってみた。冷気にひと息つき、壁を見ると、「手荷物　小荷物取扱所」「駅長事務室」「養老渓谷―五井」といったホーロー製のプレートが掲げてあった。しかしその並びは不自然で、現役のプレートではないことはすぐにわかる。レトロ感を演出する小道具……。

入ったときに薄々気づいていた。鉄道の待合室の殺風景な雰囲気がない。ここはカフェに改装された元駅舎風のスペースだった。小湊鐵道のホームページを見ると、本社の会議室を改装したカフェだった。壁にはコーヒーや「安全第一カレー」といったメニューがあった。「安全第一カレー」は大型の透明カップのなかにご飯とカレーを入れたスタイルだった。安全第一……これもレトロ感を出そうとしたネーミングなのだろう。

しかし小湊鐵道は現役の鉄道である。元駅舎風の施設を見にきたわけではない。「安全第一カレー」でもない。

「あの……、小湊鐵道に乗りたいんですが」

注文カウンター越しに訊いてみる。

「はッ？」

若い女性店員から不審な視線を向けられてしまった。無理もなかった。小湊鐵道の切符売り場はＪＲの改札を出る手前の通路の先にあったのだ。弁当が売られていた場所の奥の位置。ようやくそれがわかり、再び階段をのぼり、ＪＲの改札口に戻った。そこでまた悩む。目の前にはＪＲの自動改札機があるだけなのだ。困ってＪＲ

キハの車両。キは気動車、ハは普通車の意味。番号は形式を示す

「こみなと待合室」。近隣の人たちが喫茶店代わりに使っていた

の職員に訊いてみる。

「自動改札の脇にある有人改札から入ってください。小湊鐵道の自動改札はないので。自動改札を通るとJRに乗ることになってしまうので注意してくださいね」

いわれるままに改札の脇を通り、弁当売り場の方向に進んだ。

「ん？」

弁当売り場が消えていた。調べると、五井駅ではそこそこ有名な弁当のようだった。「やり田」という弁当店の販売所で、地元風の弁当を安く売っていた。売り切れしだい閉店のようなのだが、しばらく前に見たときはまだ十個以上の弁当が残っていた。「もう売り切れ」としたのか、売り子の女性たちの昼食タイムか。

しかし売られている場所が微妙だった。五井駅はJRと小湊鐵道が通路でつながっている。しかしどこかに境界があるわけで、そこが弁当売り場……。正確にいうと境界の小湊鐵道側にテーブルを並べた弁当屋。そんな気がした。

その弁当がもうない？　なにか小湊鐵道旅の大切なものを逃がしてしまったような気になる。まだ目的の列車に乗っていないというのに、周辺に広がる小湊鐵道ワールドについ入り込みそうになってしまう。

気をとり直して小湊鐵道側に進むと、通路脇に小さなブースがあった。そこが小

JRの改札付近の表示を注意深く見ること。小湊鐵道に乗るためには

湊鐵道の切符売り場だった。

しかし誰もいない。

どうしようか……。

ブースの前で悩んでいると、通路の奥から私服っぽい姿の中年女性が現れた。

「養老渓谷、行くんですか？」

「いや、養老渓谷へは行かないんですけど」

僕はそこで1日フリー乗車券を買った。実は事前に小湊鐵道に連絡をとっていた。そこでフリー乗車券を薦められたのだ。

「四月一日から値あげされたんで」

ブースのなかに入った女性は、「1840円」と印刷された古い1日フリー乗車券に「運賃変更」というスタンプを捺《お》して売ってくれた。二千円になっていた。

手づくり風の安い弁当、ブースのような切符売り場。そこで販売を受け持つ中年の女性……。一気にローカル線の世界に入り込んでいくような感覚に包まれてしまった。

小湊鐵道のホームにおりると、二両連結の車両が停まっていた。キハだった。側面に「キハ40 4」「キハ40 1」と記されている。

事前に小湊鐵道に電話をいれたのにはわけがあった。時刻表はネットで簡単に見ることができるのだが、そこには運行する車両が記されていない。その理由は後述するが、僕は以前、よく乗ったキハ40という車両のボックス席に座りたかった。そう伝えると、こう説明された。

「故障などで急遽《きゅうきょ》、車両を換えることがあるので、伝えられないんです」

「当日の朝でも？」

「冷房の故障はときどきあります。中古車両ですから。当日にも車両変更になることがあって……」

小湊鐵道が使っているのはキハ200形《がた》とキハ40形の車両だった。どちらも古く、なだめすかすように使っているようだった。そこで教えてくれたのが1日フリー乗車券だったのだ。車両を気にせずに五井駅から乗り込み、途中駅でキハ40形をみつ

通路の奥が一応、改札。その脇に切符売り場。でも誰もいなかった

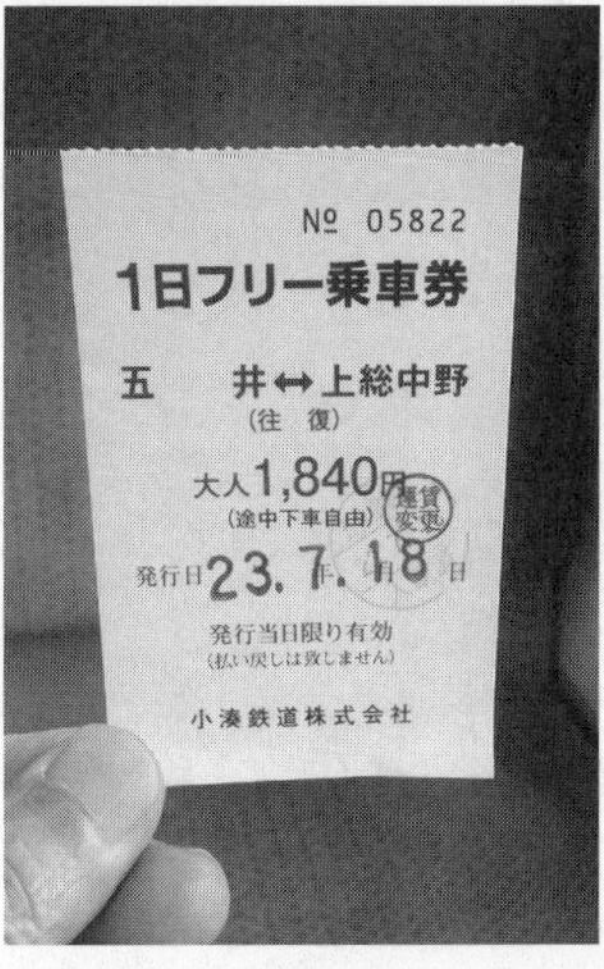

小湊鐵道の１日フリー乗車券。キハ
40形に乗るための切符？

けたら、さっと乗り換える方法だった。

「終点まで乗っても一時間二十分もかかりません。1日フリー乗車券をもっていれば、どこかで必ずキハ40形に乗れます」

五井駅のブースでフリー乗車券を買ったのはそのためだった。その切符を手にホームにおりると、待っていたのはキハ40形だったのだ。ラッキーということだろうか。しかしあまりに簡単に出合ってしまうと、拍子抜けしたような気分になる。停車していたのは、十二時二十八分発の上総中野《かずさなかの》駅行きだった。小湊鐵道の終着駅である。

列車は定刻に五井駅を発車した。ひとつの車両の乗客は十人にも満たなかった。半数以上が高校生。平日の昼である。もう学校は終わったのだろうか。

ほどなくして列車は五井駅周辺の住宅地を抜け、水田地帯に入った。上総村上、海士有木《あまありき》……小さな駅に停車していく。ボックス席に座り、強い日射しに輝く水田を眺める。

「そう、そう、この速度……」

意識は五十年以上前の信州を走るキハの車内に飛んでいった。

一九七三年に東京の大学に進学した。オイルショックでトイレットペーパーが一

小湊鐵道五井駅の車両区。キハがパレードをするように並んでいた

気に消え、騒動になった年だった。それ以来、東京という都会に暮らしている。途中、足かけ二年ほどタイに暮らしたり、旅に出ることが多い日常だが、ベースは東京という街だ。ここ三十年ほどはJR中央線沿線の住人である。

中央線はしばしば運行が乱れる。人身事故だと告げられることが多い。遅延情報を耳にしながら、なかなかやってこない電車をホームで待ちつづける。人身事故は、ホームから線路上に転落するなどの事故も多いが、そこには自尽も含まれる。そんなとき、井上陽水の「傘がない」のフレーズが浮かんでくる。

〽都会では自殺する若者が増えてい

る……

そこから意識はアフリカのスーダンに飛ぶ。そのとき、僕は首都のハルツームから、いまはエリトリアという独立国になったが、当時はエチオピア領だったエリアとの国境に近いカッサラに向かうバスに乗っていた。

カッサラの周辺には難民キャンプが多かった。そこを見ようと思っていたのだ。ハルツームからカッサラまでは砂漠のなかの一本道をバスは進む。僕の席は最前列だった。バスが進むと、その車体や音を感知して、前方の路上で羽を休めていた鳥が飛びたつ。ときに反応が遅れ、バスのフロントガラスをかすめるように逃げきる鳥もいた。僕はそのときのスピードメーターを見つめていた。

時速百キロ――。

それよりバスが遅いと、鳥は楽々とバスを避けることができる。しかし百キロまでスピードがあがると、ぎりぎりでバスをかわすことになる。路上にはときどき、鳥の死骸が放置されていた。百キロを超えるスピードで突っ走るバスやトラックに衝突してしまったのかもしれなかった。僕はバスのなかで考えていた。動物の動体視力や聴力は、時速百キロあたりにひとつの境界があるのではないか。

都会を走る電車は速い。線路脇の道から電車を眺める。風圧で体が揺れる。電車は時速百キロを超えている。どこか引き込まれるような感覚に足がすくむ。それが東京という街のスピード感覚なのかもしれないが、人身事故の六〜七割を占めるといわれる自尽に向かった人の視界に、時速百キロを超える電車はどう映っていたのだろうか。

そんな日の夜、僕はパソコンに「キハ」と打ち込む。東京近郊でキハの車両が走っている鉄道。小湊鐵道がいちばん近かった。東京湾に沿った五井から房総半島の中央あたりまでの短い私鉄路線だった。

僕は長野県生まれである。両親とも松本市の出身だったが、父親の仕事の関係で、長野県内の諏訪《すわ》市や長野市で育った。長い休みだけでなく、週末にも両親の実家のある松本に向かうことが多かった。

生まれは一九五四年、昭和二十九年である。育ったエリアにもよるのかもしれないが、僕は蒸気機関車、俗にいうSLの記憶がかすかに残っている世代だ。長野県は山がちな土地だからトンネルが多い。列車がトンネルに入ると、乗客たちは総出で窓を閉めた。遅れると煤煙が車内に充満し、皆、目を閉じ、ハンカチで口や鼻を覆う。しっかり閉めてもすき間から、石炭が燃えたにおいが車内に入り込んでくる。

おそらく小学校に入学する前の体験だったと思う。煤煙のにおいの記憶はしっかりと残っている。いまでも冬場に中国に行くと、街に漂う石炭のにおいに反応してしまう。

ＪＲ、当時の国鉄は、その後、近代化を進める。それはＳＬ、つまり蒸気機関車との訣別だった。一気に電化できればいいのだが、そこには膨大な費用と年月がかかる。そこでつくられたのがディーゼルエンジンを使った車両だった。その主役がキハという名称がつけられた気動車だったのだ。

国鉄は一九六〇年にキハ08系気動車をつくった。やがて廃車になったようだが、一九七七年から八二年にかけ、キハ40系気動車を八百八十八両も製造し、全国の非電化区間に走らせていく。日本のバブル景気がはじまる十年ほど前である。

一九六〇年……僕は六歳だった。一九七七年には二十三歳。つまり僕はキハの申し子世代のようなものだった。列車に乗ってどこかに行くときは、いつもキハがホームに停まっていたことになる。

車両は四人がけのボックス席が主流だった。窓際に小さなテーブルが備えつけられ、その側面には栓抜きがついていた。そこにはなぜかカタカナで「センヌキ」と書かれていた。テーブルの下には備えつけの灰皿があった。

座席表示、コートかけ……キハ世代にはグッとくる

キハのボックス席。四人が座ると、前の人の膝に触れてしまう窮屈さ

キハ40系の車両は、キハ40形、キハ47形、キハ48形などいろいろある。鉄道ファンが得意げに説明してくれる世界だが、車内の基本装備はテーブル、センヌキ、そして灰皿だった気がする。五井駅で乗り込んだキハ40形でも、この基本装備を探した。テーブルはあったが、センヌキと灰皿はなかった。どこかの時点でとりはずされたのだろう。

もうひとつキハの車両には特徴があった。ひょっとしたら長野県内で使われていた車両に限られたことかもしれないのだが、ボックス席の腰をおろす部分がパカッとはずれることだった。どうしてこういう構造になっていたのかはわからないが、これがありがたかった。車内がすいていて、ふたり分の席が確保できたとき、座席をもちあげ、通路側に靴などを挟む。すると座席が斜めになり、そこに体を横たえると、通路側の手すりがちょうどいい高さの枕になるのだった。

高校時代、僕は松本市に暮らしていたが、父はそこから毎日、長野市に通勤していた。それが可能になったのも、キハの運行がはじまり、所要時間が短くなったからだと思う。父は鞄のなかに、一辺が十センチ四方、長さ二十センチほどの木製の角材を入れていた。靴の代わりに座席の下に挟むキハ専用の小道具だった。狭いボックス席のなかでいかに快適に寝るか。おそらく全国のキハの車内でいくつかのアイデアが生まれていたはずだ。キハと呼ばれる気動車は一時期、日本の国民列車だった気もする。

僕の旅もキハからはじまった。高校時代、僕は何回かひとり旅に出た。小遣いを貯めた金で列車の切符を買った。乗ったのはキハである。ほかに選択肢はなかった。冬の日本海岸に出、そこから金沢に向かったことがあった。途中の柏崎のユースホステルに一泊したが、あとはキハに乗りつづけていた。キハに乗って東京に出、そこから閉山になった常磐《じょうばん》炭鉱をめざしたこともあった。ひねた高校生の旅だった。移動は常にキハだったのだ。当時、キハを使った夜行列車が日本の街を結んでいた。四人が座ると、前の人の膝に接してしまうようなボックス席でうとうとと長い夜をすごさなければならなかった。それでもSL時代に比べればだいぶ楽だったのだろうが。

その列車旅は、僕のなかに列車のスピード感のようなものを刷り込んでいった気がする。調べると、キハ08系気動車やキハ40系気動車の最高速度は時速九十五キロだった。車窓に見えるのは、高度経済成長期を迎えた日本の工場地帯や里山の風景だった。僕の目に映る日本は、時速百キロに満たない速さで動いていた。そのなかで僕の動体視力は訓練され、どこかおさまりのいい精神状態になる。胸騒ぎがするような時速百キロ超えの世界ではなかった。

東京の電車は、高度経済成長期の猛烈に混みあう時代を経験していた。朝のラッシュ時の乗車率は三百パーセントを超えていたという。乗客の圧力で窓ガラスが割れることは珍しくなかったらしい。一九六二年には、秋葉原駅で草履とサンダルの貸し出しをはじめたという記録がある。あまりの混雑で靴が脱げ、みつけることもできなかったのだろう。

二十年ほど前の北京で同じような話を聞いていた。地下鉄が終点の駅に着くと、車内には数個の靴がみつかったという。中国の経済が右肩あがりの曲線を描いている時期だった。

混雑の緩和は東京で電車を走らせる国鉄や私鉄の急務だった。そのためには電車の便数を増やし、連結する車両の数を増やすしかなかった。電車の本数を増やすにはスピードをあげるしかなかった。

住宅は郊外へと広がっていった。新興住宅地の開発は鉄道会社の新たな収益源になっていく。そこで必要になるのは、「東京駅まで○○分」といったキャッチコピーだった。サラリーマンたちは通勤時間の短さに飛びつく。そのためには、鉄道会社は、電車のスピードを速めることを強いられていく。

僕が東京に出たのは一九七三年である。その頃、すでに東京を走る電車は時速百キロを超えていた気がする。

信州で時速百キロにも満たない列車に乗りつづけていた僕は、いきなり時速百キロを超える世界に放り込まれたことになる。

速い電車が怖かったという記憶はない。僕はあたり前のように電車に乗って通学し、やがて会社勤めをはじめることになる。やはり若かったのだろうか。僕は東京という街がもつスピードをすんなり受け入れていった。速い電車が走る街の手応えのようなものも感じとっていた。しかしそのなかで、僕は小さなストレスを溜めていった気もする。花粉が少しずつ体に溜まっていくのによく似ていた。

勤めた会社は大手町にあった。練馬区のアパートに住んでいたから、西武新宿線で高田馬場まで出て、そこから地下鉄の東西線に乗っていた。東西線の大手町駅から会社までの間は、長い地下通路だった。そこを朝、歩いていると頭痛を覚えることがあった。自分のなかでは、「出社拒否症さ」と笑い飛ばすことにしていたが、そのとき、心の裡《うち》に巣くっていたものは、その後、癌細胞のように激しい細胞分裂をはじめてしまう。

たしかに仕事への悩みはあった。石橋を叩いて渡るような堅実派ではないが、このまま勤めをつづけていく先になにがあるのかが見えない不安はあった。なりゆきに任せてネクタイを締めているのだが、その居心地が少しずつ悪くなっていくことに気づいていた。

その遠因は時速百キロを超える電車のスピードだった？　当時、そんなことは考えもしなかった。会社に向かう地下道の酸素量のせいにしていたときもあった。朝、出社すると入口の掲示板に打診すらなかった僕の辞令が出ているような会社を悪者にしてもいた。

しかし体に溜まった花粉が、一定量を超えると発症するかのように、僕は三年目に会社を辞めてしまう。そしてヨーロッパからアフリカ、アジアをまわる長いバックパッカー旅に出る。

その旅で僕はアフリカのスーダンに入った。カッサラに向かうバスのなかで、鳥の動体視力は時速百キロ……などと呟《つぶや》くことになる。ひょっとしたら、それは僕が信州でキハに乗り、刷り込まれた動体視力だったのかもしれない。

国内外を問わなければ、僕が数多く訪ねる街はタイのバンコクと沖縄の那覇である。やはり波長が合うのだと思う。このふたつの街には、ＢＴＳという高架電車とゆいレールというモノレールが走っている。それぞれの速度を調べると、BTSは最高速度が時速八十キロ、平均時速が三十五キロ、ゆいレールは最高速度が時速六十五キロ、平均時速が二十八キロだった。時速百キロを下まわっていた。

バンコクは実際の人口は一千万人を超えるといわれる大都会である。朝のBTSはラッシュになる。駅のホームで列をつくって電車を待つ。ドアが開き、ホームの乗客は車内に乗り込んでいくのだが、まだ車内には立つスペースがあるというのに、列の先頭に立っている人の足が止まってしまう。そこにある基準があるわけではない。先頭の人が、「もうここまで」と思うと乗り込むことを諦めてしまうのだ。そうなると、後ろに並んでいる人はどうすることもできない。

日本の混みあう電車を知っている身にしたら、「もう少し乗り込めるだろ」といいたいところなのだが、列に並ぶ人たちには、次の電車……という暗黙の了解が生まれてしまう。最近は少なくなったが、東京の電車には「押し屋」といわれるスタッフがいた。電車に乗り切れない客を車内に押し込む役割を担っていた。バンコクのBTSにはそんな人もいない。

なかには、「この電車を逃がしたら会社に遅れる」という人もいると思う。しかし無理やり乗り込もうとする人はいない。たまにするすると乗り込んでしまう人はいるが、殺気だったような空気は少しも生まれず、南国ののんびりとした空気がホームを包んでいる。

那覇のゆいレールも似ている。バンコクのBTSに比べれば、ラッシュ時には無理に乗り込む人は多いが波風ひとつ立たない。なんとなく収まってしまうのだ。

僕はこのふたつの街について、多くの著作で触れてきた。バンコクには足かけ二年も暮らしていたから、どうしても登場してくる。那覇も年に数回は訪ね、一時は暮らすことも考えていた。

なぜこのふたつの街が好きなのか……と、つらつら考えることはよくあるが、時速百キロに満たない電車の速度を、あたり前のように受け止め、「もっと速度をあげてほしい」などといった要望がなにひとつないことがその理由なのかもしれなかった。

僕がアジアや沖縄に頻繁に足を向けるのも、実はそういうことなのかもしれなかった。東京という街に暮らしながら、そこを離れ、時速百キロ未満の電車が走る世界に入り込まないと、均衡が保てないような因子を抱えもってしまったのだろうか。もしそうだとしたら、それはキハの速度だった。

五井駅から僕が乗り込んだ列車は、とことこと田園地帯を進んでいた。途中駅の周辺はさまざまな顔を見せる。農村のなかにぽつんと立つ駅舎もあれば、駅周辺に新興住宅地が広がる一帯もある。五井や千葉で働く人がここに家を買うのだろうか。いや、頑張れば東京の通勤圏に入ってくる。どこか不揃いの鉄道風景のなかを進んでいく。三十分ほどで上総牛久《うしく》に着いた。沿線のなかでは大きな街だ。停車時間にホームにおりて眺めると、駅前にはちょっとした商店街もあった。フリー切符を買ったので、ここで途中下車をしてもよかった。しかしなんとなく列車から離れる気分になれなかった。

五井駅から乗ったのはキハ40系気動車である。僕が上京するまで乗りつづけたキハもこの40系の可能性が高い。五井駅からの三十分の間、僕は車窓を眺めつづけていた。五井駅から終点の上総中野までは三九・一キロ。そこを一時間二十分ほどで走る。平均時速は三十キロほどだ。そこには駅での停車時間も含まれているから、時速四十キロほどの車窓風景を眺めていたことになる。

これが心地よかった。遠くに見える丘陵は車内から見ると動いていない。しかし一分、二分といった時間がすぎて視線を向けると、わずかに位置が変わっていることがわかる。列車はちゃんと進んでいる。そんな感覚だった。それは懐かしいといった思いではない。僕の体のなかに埋め込まれた体内時計にぴったりと収まったといったらいいだろうか。このまま何時間座っていてもつらくはならない気がした。高校時代、旅にでた僕は十時間以上、キハのボックス席に座りつづけていた。その感覚の入口にいるような気分だった。

上総牛久をすぎると急に家が少なくなった。遠くに見えたなだらかな山々が近づいてくる。小湊鐵道は房総半島の真んなかあたりまでのびる路線を走っていた。東京湾岸の五井から半島の中央部に向けて進むにつれ、信州の山間《やまあい》のような風景に近づいていく。

飯給《いたぶ》をすぎたあたりだろうか。窓枠からなにかが擦《す》れる音が聞こえてきた。見ると線路沿いの木々がのび、車体まで達していた。

ミャンマーの列車を思い出していた。ミャンマーを走る列車にすべて乗る……という無謀な旅をつづけていたことがあった。日本に比べれば、ミャンマーの鉄道路線数は少ない。簡単に終わると思っていたのだが、これが大変なことだった。悩まされたのは「孤線」と僕が勝手に呼ぶことにした路線だった。

ミャンマーの線路のメンテナンスはおざなりというより、ないようなものだった。

上総牛久駅。小湊鐵道の沿線のなかでは大きな駅だ。駅員もいた

線路はくねくねと曲がり、草に覆われて見えないことも珍しくない。ときに水害に遭い、線路が寸断されてしまった路線もあった。ミャンマー国鉄には復旧させる資金もなく、放置された路線も多かった。そのなかには、どの路線ともつながらなくなってしまった路線もあった。僕はそれを孤線と呼んだ。

　そのまま放置してくれたらよかったのだが、ミャンマー国鉄は孤線のなかに残ってしまった車両を使ってピストン輸送をつづけていた。ミャンマーの列車の全路線を走破すると宣言してしまった以上、孤線を走る列車を無視することもできなかった。

　こういった路線を走る列車に乗って

気をつけなくてはならないのが枝パンチだった。沿線の木々の枝がのび、列車はそれを押しのけるように進む。ミャンマーの列車は冷房がないものがほとんどだった。窓は開いているから、南国の強い日射しを浴びて元気に育った木々や草が遠慮なしに窓枠のなかに入り込んでくる。注意しなくてはいけないのは、太めの枝だった。列車はそれを押しのけて進むが、その先で起きることは、反動でしなった枝がぱちんと窓際に座る乗客を襲うことだ。

それを知らなかった僕は、何回かこの枝パンチの洗礼を受けた。枝がすごい速さで迫り、額や喉にぶつかるのだ。枝が太いとかなり痛い。僕は窓際の席に座るときは眼鏡をはずした。枝パンチが命中してしまうと眼鏡が壊れてしまうような気がしたのだ。

ミャンマーを何回か往復し、なんとか全列車を制覇した。この旅で乗った列車の多くが日本から譲られたキハの車両だった。日本国内では電化が進み、一時の日本を支えてきたキハはしだいに使い道がなくなっていく。そんな中古車両が海を渡ってミャンマーを走っていたのだ。

老朽化したキハがミャンマーの歪んだ線路を走る。それは日本人には想像もできない運行だった。そして僕の高校時代と同じように、ミャンマーではキハを使った夜行列車にも乗ることになる。座席のサイズは変わらないから、ボックス席に四人が座るとかなり狭い。身動きもままならない状況で、ただうとうとするしかない。違いといえば、車内に蚊が多く、乗客たちは座席横で蚊取り線香を焚いていることぐらいだった。さすがに日本のキハは、車内で蚊取り線香という状況はなかったが。その列車に揺られながら、車窓から見える南国の月を眺める。

「キハと歩む人生か……」

などと自嘲の思いがこみあげてきたものだった。

しかし日本にいても、またこうして小湊鐵道のキハに誘われるように乗ってしまう。それは僕の体のなかに埋め込まれた体内時計との相性にも映る。

小湊鐵道のキハ40形は冷房が効いていたから、窓は閉められている。枝パンチに襲われることはなかった。しかし速度が遅いのだろう。車体に擦れる枝の音が聞こえてくる。日本とミャンマーのキハは速度でもつながっていた。

列車は養老渓谷をすぎ、終点の上総中野に定刻に着いた。ここから「いすみ鉄道」に乗り換えて外房線の大原に出ることもできた。この路線にも旧国鉄のキハ52形などが払いさげられていた。

ホキ美術館

小湊鐵道の旅がはじまる五井駅はＪＲ内房線だが、そこから千葉に戻り、外房線に乗り換えて二十分ほど列車に乗ると土気《とけ》駅に着く。そこにホキ美術館がある。この美術館を教えてもらったのは六十歳をすぎてからだ。絵画好きの知人からだった。

「いいんだよ。写実画が集められているんだけど、とくに女性の裸体画がね。エロティックなんだ。いや、いやらしい意味じゃないよ。若い頃、ああいう写実画を見ると、精神状態が穏やかじゃなくなって、まともに見られなかったんだ。芸術作品じゃなくなっちゃうんだ。でもな、この歳になると、落ち着いて鑑賞できる。若い女性の二の腕の筋肉のかすかな盛りあがりとかな。俺たちは車椅子に乗って水墨画を眺めるほどに枯れちゃいない。そういう年代にはいい美術館だよ」

神田の小さな飲み屋での話だった。知人は新聞社に勤め、やがて系列のスポーツ新聞に移り、常務になっていた。彼がいいという美術館。それがホキ美術館

ホキ美術館の周囲は住宅街。見逃してしまいそうになった

右側の通路を進むとホキ美術館の入口。展示室は１階と地下に

だった。シニアの手前勝手な鑑賞法に、美術館側はいい顔をしないかもしれないが、知人はもう何回も訪ねているようだった。

僕がはじめて訪ねたのは六十五歳頃だった気がする。通路に沿って進むユニークなつくりの美術館だっだ。知人がいっている意味がよくわかった。描かれた女性の肉体は、写真よりリアルだった。油絵で描かれた世界が写真を凌駕してしまう。描かれる女性の視線から意思が伝わる。写実画とはそういう世界だったことが、やっとわかった気がした。自分のなかの性欲の衰えを、男たちは安い居酒屋の片隅でひっそりと口にしたりするが、そうなってはじめて写実画を芸術作品と見ることができる。

それがバランスというものだろうか。年齢とともに変化していく感覚。そこにマッチする芸術の世界だった。

久しぶりにホキ美術館を訪ねた。森本草介、島村信之、小尾修、五味文彦、生島浩……。みごとな写実画がつづく。やはり見ごたえがある。穏やかな筋肉の膨らみはリアルで、描かれた意志的な目に立ち止まる。エロティックを超えている。いや、そう語ることができる歳になったということか。

人間は性欲というやっかいなものを抱えて生きている。いや性欲があるから子孫を増やすことができるのだが、そこには動物にはない人間社会特有の規制や規範があるから、右往左往することになる。平安時代にはすでにあったといわれる春画にしても、版画の技術の発達で江戸時代には一気に広まる。しかし幕府はそこに規制をかけるから、裏の世界に入り込んでいく。中学時代、同級生がどこかで手に入れたのは裏本と呼ばれる雑誌だった。絵が写真になったということを除けば、江戸時代と同じだった。時代や民族、地域を問わず、同じような状況がつづいているわけだ。

僕の世代の特徴といえば、セックス描写が写真という静止画から動画へと移っていく時代を経験したということだろうか。僕は一九五四年生まれだが、六二年にはピンク映画が登場している。家電メーカーがカセット式のビデオテープレコーダーを発売するのが六九年。八一年には、アダルトビデオ第一号といわれる『ビニ本の女　秘奥覗き』が登場している。僕は二十六歳だった。

このアダルトビデオにも規制がかかり、「三分以上の性交描写は禁止」というなかで、裏ビデオが広がりはじめる。浮世絵から写真、写真から動画と表現方法は変わっていったが、その都度、同じ道筋が待っていた。

僕はその裏社会には疎《うと》いから、出張先のビジネスホテルで、「このボカシが規制なの?」と呟くことになる。そんな規制とは関係なしに性欲というものはあるわけだから、ただ振りまわされるばかりで、そんな世界に身を沈めていると、芸術というものとはかすりもしない日々を送ることになってしまう。

しかし七十歳近くになると、やはり意識が変わる。こんないい方をすると失礼にあたるかもしれないが、ホキ美術館はシニア向けの美術館にも思えるのだ。

そんな話を江島《えのしま》神社でも聞いた。そこにある妙音弁財天の像である。これは白い女性像。琵琶を弾いている全裸の像で乳首まではっきりみえる。鎌倉に住んでいる同年代の知人はこういうのだ。

「学生の頃は恥ずかしくてちゃんと見られなかったんだよ。最近、この像の美しさがわかってきた」

ここもシニア旅向けか。江島神社の辺津宮境内の奉安殿に安置されている。

第三章　暗渠道を歩く

僕の散歩道は暗渠道《あんきょみち》だ。

その道の入口は、毎日のように通るＪＲ阿佐ケ谷駅へとつづく商店街の途中にある。

目印は一軒の煎餅《せんべい》屋。古い構えの店だ。その脇に幅にして三メートルほどの路地がある。そこが入口で、車止めポールがふたつ並んでいる。

商店が並ぶ通りのなかでその路地だけが薄暗く、どこか秘密の地下道への入口のようにも映る。理由は樹木だ。その路地の中央に木が植えられ、周囲の家の人が置いたのか花壇が並ぶ。車は入らず、人通りも多くない。建て込んだ家々に囲まれ、日が射さない路地に樹木……。その通路のような通りだけ、周囲に比べて明度が落ちてしまうのだ。

そこが僕の散歩道、つまり暗渠道である。

暗渠というのは、地下に埋設した水路のことだ。川にコンクリート板でふたをするようにして流れを見えなくしたものも暗渠と呼ぶようだが、一般的には土管を埋

暗渠道の入口。かつてここを桃園川が流れていたから橋がかかっていたはず

め、そのなかを水が流れるようにしたものが多い。土管というか水路の上は道になり、そこが暗渠道と呼ばれるようになった。幅は広くない。車道にするには狭いため、遊歩道にするぐらいしか使い道がない。

僕がよく歩く暗渠道、そう、煎餅屋の脇から入る道は、商店街から西に向かってのびている。道は微妙に曲がっている。かつてここに川が流れていたことが道の曲がり具合からわかる。再開発や区画整理の波に洗われると、道は直線化していくものだ。しかしこの道は不自然に、いや、これが本来の自然の姿なのだが、左右に揺らぐようにのびている。

ここを流れていた川は桃園川《ももぞのがわ》といった。昭和三十年代というから、一九五五年から六四年にかけ、暗渠化が進んだようだ。いまはその源流から河口までがすべて暗渠化されている。川の名前は残っているが、その流れを見ることはできない。

僕にしたら心地いい散歩道である。車が通らないのだ。これは散歩道の絶対条件のように思う。道の中央をのんびり歩いていても、後ろからクラクションが鳴ることもない。ときおり、自転車が通り抜けるが。

煎餅屋の脇から入る暗渠道は、中央にはほぼ等間隔に木が植えられている。それを眺めながらしばらく歩くと、路上に暗渠道のルートの案内板がはめ込まれている。いつも眺めるが、遊歩道をざっくりと示しているだけで、暗渠道ガイドという感じではない。なにか暗渠道工事の説明図のようにも映る。そこから西へとのんびり歩いていく。

暗渠道はしばしば車止めポールで中断される。暗渠道とはほぼ直角に交差する車道に出てしまうのだ。そこには昔、小さな橋が架かっていた気もするがその痕跡はない。いや、この道はかつて、桃園川の支流ではなかったのかとも想像してみる。しかし周囲を見渡しても土手の跡らしきものはない。

車道といっても幅は車が一台通ることができるぐらいだから、二、三歩で横切り、

暗渠道に植えられた樹木。あまり意味はないような気がするが

路上にはめ込まれた暗渠道案内図。2カ所しか目撃していない

また暗渠道散歩がはじまる。

入口から十五分ほど歩くだろうか。暗渠道は突然、終わってしまう。目の前には住宅が現れ、そのブロック塀で道は終わってしまうのだ。

僕はこれまでもいくつかの暗渠道を歩いている。しばしばこういうことが起きる。暗渠の上に家が建っているのだ。どうしてこういうことになったのか、いつも悩んでしまう。しかしここで暗渠道が終わってしまうわけではない。家を迂回するように進んでいくと再び暗渠道が現れることが多い。この道も迂回した先に、慈恩寺《じおんじ》という寺がある。その脇に暗渠道があるはず……と周囲を歩いてみたことが何回かある。だが、はっきりとした暗渠道はいまだみつかっていない。

「この道が暗渠道だろうか?」

いつもそんな勘を頼りに進むと、小さな公園のようなスペースに出る。公園というには狭く、三角形の空き地のような存在なのだが、脇に「区画整理記念碑」と書かれた碑がある。そこには「東京市長小橋一太《こばしいちた》書」の文字も彫られている。調べてみると、昭和十二年(一九三七)から二年間、東京市長を務めていた。

碑の脇には庚申塔《こうしんとう》がふたつある。東京の街を歩いていると、ときおり庚申塔や庚申塚に出合うことがある。資料を読むと、道教に由来した庚申信仰によって建てら

この記念碑の横にある石仏に手を合わせる女性を見たこともある

れたものと記されているが、どうもイメージが湧かない。厄除けの意味もあったような気もするのだが。その横には石仏が三体、ひっそりと並んでいる。周囲は住宅街だから、この一角だけなにか時代が違うようにも映る。

脇には案内板がある。この庚申塔は一七〇〇年代のもので、南方の桃園川の路傍にあったものをここに移したと記されている。

桃園川が暗渠になっていくのは、このあたりで区画整理が行われてから二十年ほど後の話だ。桃園川の穏やかな流れの脇にこの庚申塔や石仏が建っていたわけだ。

区画整理のせいなのか、そこから西

の暗渠道がみつからない。なんとなく暗渠道らしい道を辿っていくと、天沼弁天池《あまぬま》公園に出る。ここが桃園川の源流域である。いまは枯渇してしまったようだが、かつてはこのあたりの湧き水が流れ出し桃園川になっていた。

公園には池があり、その脇から水が流れ落ちている。なんとなく水源のような雰囲気があるが、湧き水ではないのだろう。

天沼弁天池の南北にはいくつかの水源がある。井の頭公園にある井の頭池、善福《ぜんぷく》寺《じ》公園の善福寺池、妙正寺《みょうしょうじ》公園にある妙正寺池、そして石神井《しゃくじい》公園の三宝寺《さんぽうじ》池。すべてが湧水池で、そこを水源にした川がある。井の頭池から流れはじめる神田川、善福寺池からは善福寺川、妙正寺池からは妙正寺川、三宝寺池からは石神井川……。どれも暗渠にはなっていない。善福寺川と妙正寺川は神田川に流れ込む。石神井川は単独で東京を東に向かって流れ、やがて隅田川に合流する。

僕は若い頃からこのエリアに住んでいる。とくに気に入っているというわけでもないのだが、一度住みはじめると、地の利がわかってくるから、なんとなくこの一帯の住人になってしまった。結婚後もこのエリアから離れなかった。井の頭公園などこのエリアの公園はどこも桜の名所で、自転車に子供を乗せて何回も訪ねている。

天沼弁天池公園。いまの天沼弁天池は庭園の池風情だが……

どの公園の池もなかなか大きい。武蔵野台地に降った雨は、有名な関東ローム層や水通しのいい砂の地層に染み込み、地下水になって低地に向かって流れていく。そして硬い粘土層に行く手を阻まれ、湧き水になって地上に出てくる。それが井の頭池や善福寺池などだといわれている。地層の関係から、湧水池は南北に連なることになる。

おそらく天沼弁天池もその構造が生んだ湧水なのだが、いかんせん水量が少なかった。池も小さかったに違いない。そこから流れ出る桃園川は、小川とはいわないが、子供たちが遊ぶにはちょうどいいような川だった気がする。

天沼弁天池公園は、入口に和風の門

があるちょっと変わった公園である。旗本の屋敷跡に入っていくような気分になる。というのも、この公園にはちょっとした裏話があり、その話とだぶってしまうのだ。

この土地は一時、西武鉄道のものだった。そして当時の社長だった堤義明氏の愛人の家が建っていたのだ。この周辺に住む人は、桃園川は知らなくても、堤義明の愛人の家という話は知っていた。その後、この土地は杉並区に売却され、公園になったという。

阿佐ケ谷駅に向かう商店街にぽっかりと開いた暗渠道の入口からこの公園まではのんびり歩いて三十分ほど。ちょうどいい散歩コースである。いつもは天沼弁天池公園で少し休んで帰宅する。

しかし暗渠散歩が、ここで終わらないことがあった。区画整理の碑がある地点にいったん戻った。なんとなく、「どこかにくっきりとした暗渠道があるんじゃないだろうか」と周囲を歩いていると、もうひとつの暗渠道に出合ってしまったのだ。

天気のいい秋晴れの一日だった。僕はその道を辿ってみることにした。その暗渠道は途切れることなくつづいていた。道を遮る家も現れず、先へ、先へとつづいていく。暗渠道の中央には金属棒が突きでていることがあった。その上部には丸いハンドル。下を流れる水流を調節するものかもしれなかった。それを辿ってさらに進

暗渠道を歩いているとこんなハンドルが。下の構造を見たい

んだ。脇に一方通行の狭い車道が併走している区間もあったが、そこをすぎると、暗渠道は再び曲線を描きながら家の間を縫うようにのびていた。

暗渠道を歩いていると、足がむずがゆいような感覚に襲われることがある。楽しいわけではなく、どこか怖さにもつながっているような……。地中の洞窟を探検するときは、恐怖感に体が縛られるような緊張があるのかもしれないが、暗渠道歩きはそれほどの怖さはない。しかし、「もう終わるはず」「こんなに道も狭くなってきたし」などと呟《つぶや》きながら足を進めても、先へ、先へと薄暗い道がのびていると、なにか地下の迷宮に誘い込まれていくような不安が募ってくるのだ。

暗渠道はどこもその傾向にあるのだが、日当たりが悪い。川は低いところを流れているわけで、東京の場合はその周囲に家が建ち、太陽の光を遮ってしまう。暗めの道を歩いていると、そこを静かに流れている陰の気のようなものを感じてしまうのだ。その道がいくら歩いても途切れることなくつづいている。

「もう戻ろうか」

ときにそんな気分になることもある。

新しくみつけた暗渠道は狭く、暗かった。どのくらい歩いただろうか。三十分くらいだった気もする。しだいに日が落ち、夕暮れ散歩のようになってしまった。突然、車の騒音が聞こえてきたのはそんなときだった。視線をあげると、ネオンの光が眩《まぶ》しい。少し進むと、目の前を大通りが走っていた。

「この道は？」

周囲を見渡す。青梅《おうめ》街道だった。左手には荻窪駅の駅ビルも見える。

ここで悩んでしまった。桃園川の源流は天沼弁天池あたりである。ではこの道は別の川の暗渠なのか。気になってひとつの地図を開いた。

僕は暗渠歩きのお供に、一枚の地図を持参している。『東京「暗渠」散歩』（本田創編著。実業之日本社）という本の付録の地図である。大判の地図で、都心を中心に暗渠道が綿密に記されているのだ。日本には暗渠道ファンという人々がいるようで、彼らが足で確認し、昔の資料と照らし合わせながらつくられた地図である。

それを開いてみる。青梅街道にぶつかった地点に、「天沼口分水」と書かれていた。分水というのは、上水が枝分かれしていく地点のことだ。ここでいう上水は千川上水である。

上水――。生活圏を流れる水には上水と下水がある。上水は水道である。下水はその言葉通りだ。しかし水道ではなく、上水の分水といった話に入っていくと、一気に江戸時代に遡っていくことになる。

江戸を居城にして幕府を開いたのは徳川家康である。それ以前の江戸は小さな寒村だったともいわれるが、太田道灌《おおたどうかん》や北条《ほうじょう》氏によって形づくられた江戸は、家康が入るときにはそこそこの街だったようだ。しかし家康の時代からはその発展のギアはふたつも三つもあげられることになる。江戸に全国から人が集まり、都市として急拡大していくのだ。江戸城が改修され、道や水路がつくられるといったインフラ工事がそこかしこではじまることになる。

そのなかで水の供給も幕府の急務になっていく。水は井戸に頼っていた時代である。江戸城の南東エリアは湿地帯が多く、井戸を掘っても海水が混じってしまい飲むことはできなかったという。そこで徳川家康の時代から上水、つまり上水道づくりがはじまるのだ。できあがった上水は、神田上水、玉川上水、本所上水、青山上水、三田上水、千川上水の六本で江戸の六上水と呼ばれた。

千川上水は玉川上水から分かれた支流のような上水である。流れくだりながら、枝分かれし、周囲の田畑を潤していった。荻窪駅近くの天沼口分水はその枝分かれ地点だった。

しかしそこには桃園川が流れていた。天沼弁天池周辺を水源にする独立した川だ。資料を読んでみると、桃園川の水量は多くなかった。流域には田畑をつくろうと思っ

もうひとつの桃園川暗渠の入口。もうひとつ？　そのあたりは本文で

ても十分な水を供給できなかったのだ。そこで桃園川の水増しを思いついたということのようだった。天沼口分水から流れ込んだ水は、桃園川の水位をあげたわけだ。このお陰で阿佐ヶ谷や高円寺、中野へと広がるエリアは稲作地帯へと変わっていった。

しかし……そこで悩む。天沼弁天池周辺からのびる暗渠道と、天沼口分水からの暗渠道は違う。その距離は二、三十メートルほど離れているのだ。桃園川の脇に千川上水から流れ込む二本目の桃園川をつくったのか。こうなると確認したいことがいくつかでてくる。疲れていたが、辿ってきた暗渠道を天沼口分水から阿佐ヶ谷方面に向かって歩いてみることにした。

いくら歩いても、ときどき散歩で歩いた暗渠道とは合流しない。だいぶ歩いた。するとと突然、商店街に出た。

「ん？」

見覚えがある。斜め向かいに人気のパン屋……。いつも阿佐ケ谷駅まで通る道だった。この商店街にはふたつの暗渠道の入口があったのだ。

暗渠道散歩は、いまの東京の街のなかに江戸時代を探すようなところがあった。以前、エルサレムを訪ねたとき、地面を掘り、その底を見せている施設があった。

キリストが生きた時代の地面という説明が書いてあった。エルサレムはかつての街の上に土が堆積し、その上に広がっている。しかし東京は違う。暗渠道の下、一、二メートルの水路を江戸時代が流れていた。

当時の桃園川がどんな流れだったのかは想像力を働かせるしかない。上流域の広さからすれば、そう大きな川ではなかったはずだ。僕の家の近くを妙正寺川が流れている。護岸工事が施されているが、普段の川幅は二メートルほどだ。増水すると五、六メートル。そのぐらいの川幅だったのだろうか。

この一帯に八代将軍吉宗が桃を植えさせたことから桃園川という名前がついたといわれる。桃には中国の不老長寿伝説がある。台湾の台北《タイペイ》にある大きな空港も桃園国際空港という。桃は縁起のいい果物だった。桃園川は高円寺を通り、中野方面に流れていく。以前、中野駅の南口に桃園会館という老朽化した施設があった。賃貸料が安かったから、よくここで沖縄出身の知人たちはイベントを開いた。すると彼らのところに、「風俗系のイベントですか？　会場が桃園会館っていう名前だから」という問い合わせが何件か入ったという。現代の桃園はそんなイメージらしい。

当時の桃園川は穏やかな流れだったはずだ。さして広くない土手には花が植えられていたかもしれない。そこが暗渠になったということは、ひとつの川が消えてしまったような寂しさがある。しかし桃園川には、暗渠にせざるをえなかったつらい現実が横たわっていた。桃園川という川は下水になってしまったのだ。

以前、やはり暗渠になった和泉川《いずみがわ》を歩いたことがあった。中野坂上近くから笹塚に至る暗渠道だった。この暗渠道は橋の跡が残っていた。橋……言葉では説明しにくいのだが、歩いているのは暗渠道だから和泉川の上である。あたり前の話だが、川が暗渠になる前は、川に橋がかかっていた。暗渠道を進むと、道をふさぐようにコンクリート製の橋の欄干に出合う。それの脇を迂回するように暗渠道を歩くことになる。

ひとつの川の源流に辿り着くというのは大変なことだ。しかしそれは長い川筋をもつ大河の話で、東京の暗渠道は、一、二時間も歩けば源流域に立つことができる。しかしその種の源流は味気ない。地図を頼りに、このあたりが源流と特定することはできるのだが、そこが天沼弁天池公園のようなエリアになっていることは稀だ。ただのアスファルト道があるだけで、そこに立ち、この下が源流と自分にいい聞かせるしかない。

和泉川の源流域の近くには沖縄タウンがあった。沖縄ブームのときにできた飲食店街だ。オープンした年にそのなかの一軒を訪ね、沖縄そばを食べた記憶がある。

以前に比べれば店舗の数が減った気がする。周囲も閑散としていた。下火になった沖縄ブームと歩調を合わせているようだった。

沖縄タウンの最寄り駅は京王線の代田橋《だいたばし》だった。和泉川を歩きはじめた中野坂上に電車で行くには、いったん新宿駅に出なくてはならない。頭のなかの東京の地図は、電車の路線図に支配されているようなところがある。しかし中野坂上と代田橋は和泉川でつながっていた。電車が走る前、この周辺の人々の地図は、和泉川を軸にしていた気がする。暗渠道歩きは、電車という都市型交通網が整う前の時代に戻してくれるようなところがあった。

和泉川も桃園川と同じような運命を背負っていた。和泉川の暗渠道も、途中でわからなくなる一角があった。ちょうどそこで老人に出会った。彼は暗渠化が進む前を知っていた。

「この前を昔は川が流れていたよ。もうほとんどドブでね。臭かった。それを埋めてくれて助かったよ」

桃園川もドブのようになり、悪臭を漂わせていたのかもしれない。下水になっていた可能性が高い。二本の桃園川暗渠の構造を考えてみる。周辺に住む人たちは、天沼弁天池周辺から流れ出る桃園川を下水に使い、千川上水からの水が流れ込む川を上水として使っていたのだろうか。

江戸時代、田畑を潤した牧歌的な川は、増加する住民が出す汚水で無残な姿に変わっていってしまった。暗渠で東京の川が失われていってしまったと嘆く人はいるが、川を汚し、近づきたくない存在にしてしまったのは東京の住人たちだったのだ。

暗渠化が進むのは、一九六四年に開かれた東京オリンピックを前にした頃だった。清潔で美しい国際都市・東京。少しでもその姿に近づけるために、東京都は悪臭を放つ川にふたをしていった……それが暗渠化の現実のように思う。下水になってい た川は隠されていった。街はきれいになり、暮らしも快適になったかもしれないが、川は失われていったのだ。これが都市化ということなのかもしれないが。

暗渠散歩はそんな都市が抱える宿命のようなものも突きつけてくる。

桃園川は僕が頻繁に通る商店街を横切り、さらに高円寺方面に流れていた。その区間も暗渠になっている。そこも歩いてみることにした。やはり車止めポールから分け入っていくのだが、暗渠道はこれまでの道に比べてさらに狭くなった。商店街から西側は遊歩道になっていたが、高円寺に進む道はただの路地というよりすき間だった。ブロック塀に挟まれたその道は幅が一メートルほどだ。人がすれ違うのがやっとである。この先にまだ暗渠道はある?という不安を抱えて歩きつづける。こう道は得てして行き止まりになることが多いのだが、そこは暗渠道だった。先へ、先へと曲がりながらつづいている。銭湯の脇を抜け、公園の横をかすめるように進む。車道に出るとまた車止めを探す。ときに車止めが二、三カ所みつかるところもあった。それぞれを進むと、一本の路地に合流したりする。暗渠道の迷路だった。

天沼弁天池を水源にする桃園川の暗渠と千川上水から引き込まれた水路の暗渠の区別もできなくなってしまった。千川上水からの水は、桃園川の水量を増やすことが目的だとしたら、どこかで合流させなくてはならない。そのポイントがこのあたりだった気がしないでもない。

江戸時代につくられた上水の高低差は九十二メートルしかなかった。最も長い玉川上水は四十三キロもある。そこにはいくつかの工夫もあったようだが、基本的にわずかな傾斜をつくって水を流した。その技術は高度なものだったといわれる。

余談になるが、元禄《げんろく》期に江戸で暮らした松尾芭蕉《ばしょう》の仕事はこの水利事業だった。水路を掘る人たちを集める手配師をこなしていたという説もある。江戸の上水づくりは、一大インフラ工事だったのだ。

以前、メコン川を船でくだったことがある。中国の山岳地帯を水源にした流れは、やがてラオス領内に入り、カンボジア、ベトナムへと流れていく。その途中、ラオスとカンボジアの国境にコーンの滝がある。水量の多い巨大な滝だ。船の航行は難しい。ラオス側のメコン川は一本にまとまった川筋だが、コーンの滝の下流、つまりカンボジア平原に入るとどこが川なのかわからなくなる。それを支流といっていいのかわからないが、川筋は何本にもわかれ、また合流しながらくだっていくのだ。そこを船が走る。水深も浅くなり、船の先頭には男が立ち、水面を眺めながら、少しでも深い流れを、右だ、左だと船頭に指示を出す。先頭の男はまさに水先案内人だった。

いくつにもわかれた流れは、やがてストゥントレンあたりで一本になり、再び大河の風貌をもった川になる。

阿佐ヶ谷から高円寺への間は、そんなエリアなのかもしれなかった。暗渠道はいくつもあるのだが、それは狭い路地のようになる。そういう水路が暗渠になってしっかり残っているというのもまた貴重なのかもしれないが、歩く側にしたら、どこを進んでいるのかまったくわからなくなる。ブロック塀に挟まれた道をそろそろと歩いていると、視線の先にＪＲの中央線の高架が見えた。ちょっとホッとした。

中央線の線路はどうそのルートが決められていったのかはわからないが、ＪＲの高架をくぐると、かつての桃園川の流れがはっきりしてくる。桃園川緑道がはじまるのだ。緑道の部分、つまり暗渠道だけが高くなり、脇には車道になっているところもあったが、しっかりとした暗渠道がつくられていた。暗渠道は緑道というだけあって、両脇に植え込みや花壇がつづく。気持ちのいい散歩道だ。車道と交差する地点には石柱が建てられ、旧宮下橋、旧馬橋……といった、かつてここに架けられていた橋の名前が記されている。その数はかなりある。桃園川には小さな橋がいくつも架けられていたわけだ。気持ちのいい緑道をぶらぶら歩いていくと、高円寺の南側の繁華街に出た。

「ここを桃園川が流れていたのか……」

昔、よく高円寺で酒を飲んだ。沖縄料理屋が多く、三線《さんしん》やエイサーのグループと集まることが多かった。大人数の酒の席に疲れ、店を出て休むことが何回かあった。近くに木々が多い公園のような道があり、そのベンチでひと息ついた。あのスペースが桃園川緑道だったのだ。その下を下水になってしまった桃園川が流れていた。

僕にはもう一本の暗渠散歩道がある。いや暗渠公園といったらいいだろうか。雨が降ると、その公園に行きたくなる。その公園は桃園川の暗渠より北側、妙正寺川に沿ったエリアにある。

妙正寺川は暗渠にはなっていない。しっかりと護岸工事が施され、味わいはないが、水の流れを眺めることはできる。妙正寺川に流れ込む支流は見かけないから、すべてが暗渠になっているのだろう。暗渠道もないから、道幅を広げ、車道になった気がする。

しかしその一角に下井草どかん公園がある。僕はこの土管のなかに座り、雨を見る時間が気に入っている。

土管……その記憶は暗渠道とつながっていた。日本の暗渠の多くは、土のなかにコンクリート製の土管を埋め、そこを水が流れる構造になっていることが多い。埋める土管を川の近くの空き地に積みあげる……それが「ドラえもん」の世界につながった。のび太、ジャイアン、そしてドラえもん……。アニメのなかで彼らはいつも土管の上に集まっていた。その時代背景は、東京という街が現代的な都市に生まれ変わっていく時期に設定されている。

下井草どかん公園……。かつてこの公園に土管が積まれていたのではないか。『東京「暗渠」散歩』の付録の地図を見ると、下井草どかん公園の近くにある、銀杏《ぎんなん》稲荷《いなり》公園の脇が暗渠になっている。杉並区役所に訊いてみた。電話はいくつかの部

雨の日の下井草どかん公園。遊ぶ子供もいない。シニア散歩には最適？

土管のなか。ここに僕の少年時代が詰まっている

署を巡り、公園をつくったという担当者に辿り着いた。

「残念ですが、違うんです。区が土地を確保して公園にしようとしたとき、近隣の人たちから意見を聞いたんです。そのなかに、土管があると楽しいね、というものがあって。あの土管は新品です。公園をつくるときに買いました」

そうだったのか。

しかし雨の日、公園の土管に入るとなぜか落ち着く。

ちょうど公園の土管で遊ぶ年代、僕は信州の諏訪《すわ》で暮らしていた。一九六〇年頃の話だ。やっと乗りこなすことができるようになった自転車を漕いで諏訪湖畔やいまは上川《かみかわ》という名前になった六斗川の土手道を走った。諏訪は新産業都市に指定され、湖畔や川沿いには次々に工場が建ちはじめた。時計やカメラといった精密機械工業やバルブなどの金属工業の工場が多かったという。小学校低学年の僕は、そんな産業のことはわからなかったが、次々に姿を見せる煙突が自転車を漕ぐときの目印になった。母親はオルゴールのシリンダーにピンを打ち込む内職をはじめた。まさに高度経済成長の時代だった。

僕は典型的な野球少年だった。小学校のクラスでチームをつくり、隣のクラスと対戦した。きちんとした運動公園はなかったから、工場脇の空き地が球場になった。

そこに運動靴のつま先で線を引いてダイヤモンドをつくり、大き目な葉を集めてきてベースにした。

大人の審判がきてくれれば問題はなかったが、だいたいが自分たちで審判をしたから、その判定でいつももめた。

その空き地の脇には土管が積みあげられていた。そこにボールが入り込むと二塁打というルールもあった。その土管は工場建設の資材だったかもしれないが、暗渠をつくるためのものも含まれていたはずだ。

夏の暑い日、突然の夕立がくる。皆、バットやグローブが濡れないように抱えながら土管に逃げ込む。土管のなかには宝物のような少年時代が詰まっていた。

雨の日、「散歩にいってくる」といって訝《いぶか》る妻の視線を背に下井草どかん公園に向かう。妙正寺川を越え、坂道をあがるとその公園はある。のぼり棒やトイレもある立派な公園だ。そして傘を置き、土管に入り込む。雨に濡れない土管のなかは、まるで母親の胎内にいるような落ち着く空間だ。いや、少年時代にワープする管なのか。土管のなかに座る六十九歳の物書きはホームレスにも映るかもしれないが。

「土管のなかで座っていた」

とても妻にはいえない。

品川用水跡を歩く

上水と下水は体でいったら動脈と静脈の関係に似ている。上水から供給される新鮮な水は、飲み水になり田畑を潤す。そして下水になって海へと流れていく。上水と下水で構成される都市は、いってみれば人の体の水分の流れに近い。東京も、そしてその基盤になった江戸も、その構造に変わりはない。上水が流れ込んだ中小の川は下水の役割を担い、やがて暗渠になっていった。

では上水はいまどうなっているのか。上水の多くが埋め立てられてしまったという。江戸時代につくられた上水は、やがて本格的な水道に変わっていく。水道から水が供給されれば上水の価値はなくなる。上水は人工的につくられたものだから、水を止めるのも簡単である。水のとり込み口を止めてしまえばい い。やがて水の流れはなくなり、容易に埋め立てることができる。

そのひとつ品川用水跡を歩いてみることにした。上水はときに用水とも呼ばれる。品川用水は玉川上水から枝分かれした流れである。取水口はいまの武蔵野市あたりで、京浜急行の立会川近くまで流れていった。その距離は約二十四キロ。そのすべてを歩くのは大変なので、東急目黒線の武蔵小山駅から立会川駅をめざした。手にしていたのは、暗渠道散歩同様に、『東京「暗渠」散歩』の付録地図である。

歩きはじめて暗渠道との違いはすぐにわかった。道が広く、明るいのだ。車が走る車道になっていて、その歩道を歩くことになる。暗渠道はかつて川だったわけだから、そこだけ低い。周囲には家が建ち並び、日当たりもよくない。道に沿って陰の気が流れているような気になる。

しかし用水路跡は、丘陵地の尾根筋を通っていた。構造を考えれば当然のことだった。用水が周辺の田畑に水を流し込む。ポンプなどない時代である。高低差を使うしかない。尾根筋を辿るように水路がつくられた。そこが埋め立てられたから、その道は日が当たり、陽の気に支配される世界になる。

品川用水跡を歩いていくと、銭湯の看板をよく目にした。立ち止まり、Ｇｏｏｇｌｅマップを開いて数えると、武蔵小山駅から立会川駅までの間に八軒もあった。かつては用水の水を使っていたのだろうか。排水が楽だったという説もある。

品川用水跡歩きは、銭湯ホッピング旅のようになっていった。しかし福井湯、万年湯は建物と煙突は残っていたが、すでに廃業していた。その先の松の湯は健在だったが、用水がここを流れていた痕跡は、こうして少しずつ消えていくのだろうか。

銭湯密集地帯をすぎると緩い坂道をくだりはじめた。品川用水も終点に近づきつつあるのかもしれない……と進むと、ニコンのビルに出た。レンズを磨くには水が必要だったのではないか。後日、ニコンに連絡をとり、社史を調べてもらった。製作所をこの場所にした理由のひとつは水利だったことはわかってきた。しかしそれ以上は記録になかった。

ニコンのビルの近くに古い石碑をみつけた。脇には「元禄八年銘道標」という案内板があった。こう書かれていた。

――品川用水に石橋を架けた大井村の寂証《じゃくしょう》ら五十八名の念仏講中が、石橋の安泰と通行者の安全を願って建てたものと思われる。

かすかな品川用水の残り香だった。そこから坂道をさらにくだり、高架になった東海道線を越えると、その先にあったのが立会川駅だった。

暗渠道歩きに比べると、その道筋が明るく、車道になっているせいか、ここに用水が流れていた時代を想像しにくい。用水は表の道だと思った。だから暗渠のように地下を流れる過去が根こそぎ失われてしまう。やはり歩くなら暗渠道……である。

第四章

苫小牧発仙台行きフェリー

ＪＲの苫小牧《とまこまい》駅を降りると、駅ビルの前にくすんだ集団の列があった。午後四時台という時間帯。駅の周りには高校生が目立ち、そのなかでバス停前にできた二十人ほどの列はちょっと異様だった。首にタオルを巻いている若者が多い。ほとんどがＴシャツ姿で、汗のにおいが漂ってきそうだった。しかし建設現場で働く男たちという雰囲気ではない。皆、若い。

バスは苫小牧西港フェリーターミナル行きだった。そこからフェリーが出る。その時刻に合わせて運行している路線バスだった。

苫小牧発仙台行きフェリー——。

このフェリーに、僕は勝手なイメージを膨らませていた。日本流バックパッカー旅のはしりといわれたカニ族の世界だった。

一九六〇年代から七〇年代である。日本は高度経済成長期。一九六四年には東京オリンピックが開催され、東海道新幹線が開業した。そんな時期、若者たちは列車に揺られて北海道をめざした。彼らが背負っていたザックがキスリングと呼ばれる横長の大型ザックだった。色はやや黄色が入った茶色。これを背負い、駅の改札や車内の通路を通るとき、横向きにならないと抜けられなかった。どうしてもカニのような横歩きになってしまうことから、カニ族という名前がついたという話を聞いたことがある。

僕は高校時代、山岳部だったから、山に登るときはこのキスリングを背負った。厚いキャンバス生地でたしかに丈夫だったが、重いザックだった。なかになにも入れなくても三、四キロの重さがあった。その後、山の装備は劇的に進化する。ザックも軽くなり、縦型になった。いま、山に登る人たちは、キスリングという存在自体を知らないかもしれない。

カニ族は列車に揺られ北海道を歩いた。安いユースホステルを泊まり歩き、ときに駅で寝ることもあった。財布が薄くなってくると、牧場の手伝いや昆布とりのアルバイトをした人もいたという。

旅という視点をあてはめれば、彼らが日本初のバックパッカーだといわれる。ヨーロッパの若者はすでにザックを背負い、アジアやアフリカを旅していた。バックパッカーのルーツは、ヨーロッパの貴族や富裕層が、息子を修行に出すような感覚で旅をさせたことだといわれる。しかしそれは少数派で、バックパッカーが市民権を得てくるのは、ヒッピー文化と無縁ではない。彼らはより人間的な暮らしを求めてアジアやアフリカに旅だっていった。

おそらく日本のカニ族も、そんな世界の若者の風潮を知っていたと思う。しかし当時の日本人にとって、海外旅行は特別な人たちのものだった。日本の海外バックパッカーの走りは小田実《まこと》の『何でも見てやろう』だといわれる。小田実は成績優秀な留学生だったが、バックパッカー旅を標榜する気運がすでに日本に届いていた。その欲求を満たしてくれたのが、北海道へのカニ族の旅だったように思う。

以前、旭川から稚内《わっかない》まで各駅停車に揺られたことがあった。その途中にある音威《おとい》子府《ねっぷ》駅で下車し、駅にある立ち食いそばを食べた。カニ族の間で有名なそばだった。音威子府駅は宗谷《そうや》本線から、いまはなくなってしまった天北《てんぽく》線への乗換駅だった。

カニ族といわれた若者たちが手にしていたのは、当時の国鉄(現在のJR)が発売していた均一周遊乗車券という切符だった。これは北海道や九州へ向けての企画切符で、東京から北海道に向かう均一周遊券の場合、北海道までの運賃に、北海道での列車が乗り放題というメリットが含まれていた。それもいまの「青春18きっぷ」と違い、急行列車の自由席が乗り放題だったのだ。有効期限は十六日。若者たちは、この切符に往復割引や学割などを効かせ、さらに安く買っていた。

彼らは夜行の急行列車の自由席で青森に向かい、青函連絡船で北海道に渡り、そのまま函館本線、宗谷本線などを乗り継いで北上していく。ちょうど朝に音威子府駅に着く列車があったようだ。若者たちはこの駅で立ち食いそばの「音威子府そば」を啜《すす》った。おそらく空腹を抱えて駅に降りたのだろう。カニ族の旅を書いたブログでは、音威子府そばの味を絶賛しているものをよく目にする。

そのそばを食べてみたかったのだ。駅の待合室脇にそのそば屋はあった。カウンターに丼を置いてそばを啜る。まあ、こういってはなんだが、ごく普通の立ち食いそばだった。ただ麺が黒い。これが音威子府そばの特徴だった。いまはこの店もなくなってしまったというが。

調べると音威子府そばの店は東京にあった。駅のそば屋が東京に進出したわけではない。だが、あの黒いそばは存在感がある。北海道の道北出身の人には懐かしいそばなのだろう。客のなかには、かつてのカニ族もいるかもしれない。いまは七十歳を超えた人たちだが、若い頃の北海道の旅を、音威子府そばの黒い麺に重ねている気もする。

そのカニ族とフェリーのイメージが重なっていた。苫小牧と仙台を結ぶフェリーが就航したのは一九七三年。カニ族の旅はピークをすぎていたが、時間はあるが金がない若者が旅費を節約するためにこのフェリーに乗る……。そんな勝手な想像をしてしまうのは、僕がカニ族世代より少し遅れて生まれたからだ。カニ族全盛期の一九六〇年代、僕はまだ十代だった。おそらくテレビのニュースでカニ族の映像を見て、勝手に想像力を膨らませたのだろう。

カニ族は団塊の世代とかなりダブっている。高度経済成長がもたらす好景気は、豊かな暮らしの青写真を描かせてくれたが、それは同時に人間性を失っていく不安も抱えもっていた。若者たちは生活感が薄いから、高度成長を支える会社社会の怖さを敏感に感じとっていく。その感覚は、海外から入ってくるヒッピー文化とシンクロしていたようにも思う。

そのなかで政治運動に身を投じていく若者もいたが、貧しい旅を選ぶ青年もいた。北海道へのバックパッカー旅はそのなかで生まれていったように思う。

僕はバックパッカーと呼ばれることのある旅行作家だが、日本社会への漠然とした怖れや不安は、当時の若者たちと似たものを抱えもっている気がする。団塊世代は北海道をめざしたが、僕の世代は海外だった……それだけの違いだった。

バス停に並ぶ若者たちは、六十年以上も前のカニ族のイメージと重なっていた。

仙台行きフェリーはここから出る。出港前にターミナルですごす時間が好きだ

フェリーはすでに接岸していた。想像以上に大きな船体に少し戸惑う

キスリングこそ背負っていないが、その背中はどこか社会に背を向けているようにも映る。いや、日本社会からスピンアウトするようなイメージだろうか。でれーんとのびたようなTシャツ、煮しめたような色をしたタオルを誇らしげに首に巻いている。いまどきの若者なら、北海道をバイクか自転車で走る気がする。そんな若者は直接フェリーターミナルに行くだろうから、ここで路線バスを待っている若者は、列車やバスを乗り継いで北海道を歩いたのだろうか。野宿を繰り返してきたのかもしれない。時期は九月初旬だった。北海道を旅した夏休みの終わりにこのフェリー……。いろいろと詮索してみる。しかしそれは、カニ族という存在を知っている僕の勝手な連想にすぎない。彼らに、「昔、カニ族という若者がいてね……」などと話しかけても、彼らの視線は宙を舞うだけだろう。六十年を超える歳月は確実に流れていた。一見、カニ族の再来にも映る彼らは、バスを待ちながらスマホをいじっている。そんな世代だった。

バスは苫小牧の市街を抜け、ショッピングモールや郊外パチンコ店が点在する国道を走り、二十分もかからずに港に着いた。

ターミナルはそこそこ混みあっていた。苫小牧西港からは大洗《おおあらい》行き、仙台経由名古屋行き、八戸《はちのへ》行きのフェリーが運航していた。

太平洋フェリーの苫小牧―仙台―名古屋航路は1973年から就航している

僕は東京から飛行機で新千歳空港に着いた。そこから列車で苫小牧まできたが、その近さに少し戸惑っていた。列車に乗ったが、四十分もかからずに着いてしまった。北海道と本州の物流といえば、小樽《おたる》から日本海側を進む北前船《きたまえぶね》が有名だが、いまやフェリー輸送は太平洋航路に移っていた。苫小牧はその拠点になっていた。

苫小牧から本州に向かうフェリーのうち、仙台経由名古屋行きと大洗行きが夕方の時間帯の出港だった。その乗客が発券窓口に列をつくっていた。多くがネットで予約して購入していたが、この窓口で正式な切符を受けとる。首タオルの若者たちは大洗行きのフェリーに乗るようだった。

僕は仙台行きの列に並んだ。先頭のほうには欧米人の家族も二組いた。インバウンドの波はフェリーまで押し寄せている。

僕が買った切符は、仙台行きのいちばん安いC寝台だった。運賃は八千百円。定価は九千円だがネット予約で一〇パーセント割引になった。太平洋フェリーという船会社が運航する「きたかみ」というフェリーだった。

安くなければいけない……。そんな思いが僕のなかにはあった。「きたかみ」には、二万円を超える特等という個室もあった。そこにあるのはどこか豪華クルーズといった世界だった。船会社はそんなイメージで売り出したいのかもしれないが、それは僕が抱く「苫小牧発仙台行きフェリー」の世界ではなかった。

苫小牧からJRを利用して仙台まで行くと二万円を超える。青函トンネルは新幹線しか通ることができない。在来線が走ればもう少しは安くなるのかもしれないが。八千百円という運賃は、僕のイメージと重なっていた。運航する太平洋フェリーには申し訳ないが、金がない男が、なけなしの金で本州に向かうという世界に入り込みたかったのだ。

出港まで二時間近くあった。ターミナルの屋上にあるデッキにあがった。すでに

「きたかみ」は接岸していた。思ったよりはるかに大きい立派なフェリーだ。

この時間が好きだった。フェリーの時間感覚といったらいいだろうか。船が港に近づくとロープが投げられ、やがて岸壁に固定される。それからトラックや車がスロープの上を動いて港に降りていく。そしてコンテナ……。そんな作業が終わると、今度はコンテナが積まれ、車が船内に吸い込まれていく。僕は運転免許をもっていないので、車でフェリーに乗り込むことはない。いつもタラップを歩いて船に乗り込む。その時間はさしてかからない。だからいつも、出港の準備が整うまで一時間、いや二時間と待たされることになる。それがフェリーというものの時間感覚だった。

日本から海外に出るフェリーにもよく乗った。大阪か神戸と上海を結ぶ「鑑真《がんじん》」やその後継の「新鑑真」、下関と釜山《プサン》の間を航行する関釜フェリー、石垣島から台湾の基隆《キールン》まで走るフェリーにも乗った。海外でも何回かフェリーの旅を経験している。バリ島からシンガポールまで乗ったこともある。マカオと台湾の高雄を結ぶフェリーも経験している。カスピ海を旧式フェリーで横断したこともある。日本国内では沖縄でもう数えきれないほどフェリーの乗客になっている。

路線やフェリーの大きさに関係なく、出港するときはこの時間感覚のなかに放り込まれる。乗船を待つ身にしたらすごく暇なのだ。いつも待合室でぼんやりとフェリーを眺めることになる。今日の海は静かだろうか……。僕は船酔いしやすいから、心のなかは穏やかではないのだが、なかなか乗船の合図が聞こえてこない……。フェリーに荷を積む人たちの動きが緩慢というわけはないのだが、「いくら急いでも、フェリーの出港っていうのはこんなもの」という時間感覚に支配されている。それは海外にいても、沖縄の離島のフェリーターミナルにいても変わらない。

それに比べると列車や飛行機はせかせかと時間が進む。世界の空をＬＣＣと呼ばれる運賃が格段に安い飛行機が飛びはじめた頃、こんな話を聞いた。

「航空運賃を安くするためには、保有する機材をいかに効率よく使うかが鍵。空港ターミナルに飛行機が着いてから三十分でターミナルを離れる。それがＬＣＣというものです」

そんな話はフェリーにはまったく届かなかった。船は昔から焦ることを知らず、ただ岸壁に横づけされている。

飛行機に乗るときは厳密に行われるセキュリティーチェックというものも、フェリーはすごく甘い。中国に向かう「新鑑真」に乗り込むときは荷物をX線で調べるチェックがあったが、それ以外の国や日本ではあまり行われない。あれは大阪港から釜山に向かうフェリーに乗るときだったろうか。乗船口の手前で、水が入ったペッ

仙台に向かうフェリー「きたかみ」のロビー。ここにある売店でビールを買った

トボトルを捨てようとした。ゴミ箱を探していると、船会社のスタッフにこういわれてしまった。

「フェリーは大丈夫ですよ」

そうだった。国際航路のフェリーでもペットボトルのもち込みは自由だった。アメリカの同時多発テロに端を発した飛行機のセキュリティーチェックの強化だが、フェリーはそんな世界とは無縁だった。なにをもち込んでもいいというわけではないのだが、フェリーはテロのない平和な世界に映った。

一時間ぐらい待っただろうか。ようやくターミナルに館内放送が響いた。仙台行きフェリーの乗船がはじまった。

実はここから長いことも知っている。

乗客が全員乗り込むと、すぐにエンジンがかかり、岸壁を離れていくということはない。その間、なにをしているのかはわからないのだが、乗り込んでから出港までは一時間は優にかかる。それがフェリーというものだった。

乗り込むと、いつもそれが儀式のように船内を歩きまわる。各階を結ぶ階段の脇に掲げてある船内図を眺め、船内をうろつく。食堂、トイレ、売店、喫煙室……。僕はいつも安いクラスの切符を買うせいか、自分が寝るスペースに荷物を置くと、そこから上階へと船内探索をすることが多い。最後は最上階のデッキまで辿り着き、僕の乗船時の儀式は終わる。「きたかみ」には大浴場やペットコーナーまであった。

僕が予約したのはC寝台というクラスだった。そこはカプセルホテルのようなつくりだったが一応、個室だった。これまで乗ったフェリーで、いちばん多いのは大部屋雑魚寝スタイルだった。大部屋はだいたいが自由席になっていて、勝手に自分が寝る場所を確保することになる。すいていることが多いから、好みのスペースにマットや布団を敷き、自分の場所を確保する。しかし昔の関釜フェリーは、乗り込むと一角に布団がすでに敷かれていた。関釜フェリーには運び屋の中年女性たちがいた。彼女らはこの船がねぐらだった。下関で荷物を積み込み釜山まで運ぶ。釜山では下関で仕入れた荷物を売り、今度は釜山で物資を仕入れて積み込む。これを繰

これが僕の寝床。広い部屋のベッドより熟睡できる。寂しい話だが

フェリーには浴室もあった。いちばん安いクラスの切符でも自由に入浴できる

り返していた。関釜フェリーは往路も帰路も夜行だから、毎日、夜はフェリーで寝ることになる女性たちだった。彼女たちは食事をつくる電気コンロや鍋や皿をもち込んでいる。それが布団の脇に並べられている。大部屋は自由席だが、彼女らは勝手に指定席をつくっていた。食事が終わると、布団の上に花札が並ぶ。周囲に寝場所を確保している女性たちが車座になり、御開帳というわけだった。

仙台に向かうフェリー「きたかみ」には大部屋がなかった。すべてが個室だった。なんとなくつまらない気もするが、寝るということだけを考えれば、このフェリーのようなカプセルホテル型のほうがよかった。ベッドの上に荷物を置く。

「さて、行くか」

フェリーターミナルのなかにあった売店で買ったビールとつまみを手に最上階のデッキにあがった。

この時間に身を置くためにフェリーに乗ったようなところがあった。午後六時をすぎ、しだいに空の色が薄れていく。入れ替わるように茜《あかね》色の夕陽がフェリーターミナルを照らしはじめる。運がよかった。夕陽が目的というわけではなかったが、歌詞に描かれた風景に重なるとちょっとうれしい。しかし雲の関係か夕陽の時間はあっという間にすぎ、フェリーターミナルの照明がつきはじめる。「きたかみ」は静かに岸壁を離れはじめた。

〽しぼったばかりの　夕陽の赤が……

とはじまる歌だった。吉田拓郎の『落陽《らくよう》』だった。そのなかで流れるフレーズをビールを飲みながら口ずさんでみる。

〽苫小牧発・仙台行きフェリー

この歌詞が若い頃から頭から離れなかった。フェリーが港を離れるとき、必ずといっていいほど浮かんでくる。港は日本でも海外でもよかった。

トルクメニスタンのトルクメンバシ。そこからカスピ海を横断してアゼルバイジャンのバクーに向かうフェリーが出ていた。出港するとき、やはりデッキに立ち、港を眺める。汽笛が鳴り、ゆっくりとフェリーが陸地を離れていくとき、このフレーズが浮かんでくる。トルクメンバシとは縁もゆかりもないはずの苫小牧という地名が浮かんでくるのだ。

トルクメニスタンの旅は災難つづきだった。ビザなしでの入国を咎《とが》められ、国境の街で軟禁されてしまった。賄賂《わいろ》を払ってビザをとり、トルクメニスタンを列車で横断し、トルクメンバシまで着いたのだが、出国審査でまたもめた。国内でビザをとったため、入国スタンプがなかったのだ。なんとか許してもらい、フェリーに乗り込んだ。翌日に着くアゼルバイジャンのバクーではなにが待ち構えているのかもわからなかったが、出港するときになると、

〽苫小牧発・仙台行きフェリー

のフレーズが浮かんでくる。

この歌に心酔しているわけでもなかった。レコードやテープをもっているわけではない。コンサートで生歌を聴いたこともない。しかし僕にとって、フェリーが出港するときはいつも、

〽苫小牧発・仙台行きフェリー

なのだった。

この歌が発売されたのは一九七三年だった。この年にフェリーが就航している。

僕は十九歳。浪人を経験し、大学に入った年だった。

吉田拓郎を意識したのはこの歌ではなかった。その前年に発売された『結婚しようよ』だった。

〽僕の髪が　肩までのびて……

ではじまる歌である。

僕は信州で高校時代までをすごした。中学生から高校生の時期は、関西フォーク、そして新宿駅西口のフォークゲリラにつづく時代と重なっている。

粗削りだが主張の強いフォークは、当時、全盛だったラジオの深夜放送で聴くことができた。ラジオのAM電波は深夜になると電離層反射が起きて広範囲で聴くことができたのだ。信州にいた僕は、その弱い雑音混じりの電波を一心に聴いていた。

そこから流れてきたのは、高田渡《わたる》の『自衛隊に入ろう』や岡林信康の『山谷ブルース』、ジローズの『戦争を知らない子供たち』といった歌だった。当時の若者は、ベトナム戦争に反対する反戦運動の渦中にいて、流れてくるのは反戦ソングが多かった。

信州の田舎町から眺める大阪や京都、そして東京を闊歩《かっぽ》するような若者の姿は羨ましく、いつか僕もそのなかに入っていくようなおぼろげな予感があった。しかしそこには実感はなく、ただ単に都会に憧れる若者だった気がする。

関西フォークやフォークゲリラの歌声には反戦の色が強かったが、その背後にある、古い大人たちの世界に反発するエネルギーも感じとっていた。

『戦争を知らない子供たち』の歌詞は北山修《おさむ》のもので、

〽戦争が終わって僕らは生まれた……

というフレーズには、戦争を知る大人たちの訳知り顔に挑むような反発心が潜んでいた。

僕にとっての身近な戦争は、父や母の言葉だけだった。母は戦時中の工場動員の話や、戦後、松本にやってきたアメリカ兵に、家にあった高価な羽子板を渡し、その見返りにチョコレートをもらった話をぼそっと口にした。父親は商船学校に入学した。そこで訓練しているときに終戦を迎えた。なぜ、そんな話をしたのかはわからないのだが、中学生の頃、こう話しかけられた。

「あの戦争は終戦なのか、敗戦なのか、どっちだと思う?」

僕が答えに困っていると、父はこういった。

「あれは敗戦なんだ」

それは戦後の日本に対する父親の抗議の姿勢だったことに気づいたのは、だいぶ後のことだ。

両親の言葉を否定するつもりなどなかった。しかし両親とは関係なく、日本の戦後は曖昧なものになっていった。日米安全保障条約は、どこか、「国と国の間に横たわる大人の世界」に映った。

煮え切らない日本への反発という意思表示のために、若者たちは髪をのばした。

きちんと整髪された髪型のサラリーマンがつくる会社社会への反発だった。痩せた長髪の青年が、末広がりのジーンズを穿《は》き、煙草《たばこ》の煙が漂う薄暗い喫茶店のなかで、反戦を語るイメージが強く残っている。

そのなかで耳にしたのが、『結婚しようよ』だった。ダイレクトな反戦ソングよりはるかに心に届いた。吉田拓郎を音楽評論家は、「マイナーなフォークソングを日本ポップスのメジャーなものに引きあげた存在」と評価する。もちろん僕はそんな音楽シーンの話も知らず、大学受験が重くのしかかった高校生だったが、肩まで髪がのびたら結婚しよう、という歌詞からは目から鱗《うろこ》が落ちるような感覚を味わっていた。髪をのばし、自分たちの意思で結婚していく。そこに自由も感じとっていた。

しかしその後に発売された『落陽』に僕は戸惑うことになる。岡本おさみという作詞家の歌詞には自嘲の色があった。サイコロ賭博で、あり金を失ったじいさんが、苫小牧発仙台行きフェリーに乗る主人公を見送りにくるのだ。そこにはフォークソングや反戦運動に浸っていると、やがては人生を踏みはずしていくという伏線があるようにも思えた。じいさんの人生は男の美学のようにも映ったが、大学に入りあたり前のように全共闘系のデモの隊列のなかに身を置いていた僕は口ごもる。就職とか人生とかが迫ってきている証だったのかもしれない。

このフェリーに乗る前に、何回も『落陽』を聴いた。コンサートの収録映像は、まるでロックコンサートのような盛りあがりをみせていた。そんな内容の歌詞ではなかった。しかし当時の若者は、ステージにあがる吉田拓郎の姿だけで歓声をあげたのだろう。そんなエネルギーを吉田拓郎は背負ってもいた。

僕は五年かかって大学を卒業し、新聞社に就職した。そしてフリーランスのライターになり、やがて旅の本を書くようになった。その内容には、一九六〇年から七〇年の間に、日本の若者たちが体から発していた意識が投影されている。そしていま、苫小牧発仙台行きフェリーに乗っている。

フェリーは暗い海を静かに航行していた。風は強かったが、波はおとなしかった。みごとな満月が出、海を照らしていた。一本目のビールが空《から》になり、売店でもう一本を買ってきた。最上階のデッキにはベンチはなく、僕は床に座って月を眺めていた。

「風が強いな」

背後からの声に振り返ると、缶ビールを手にした初老の男が立っていた。六十代だろうか。僕と同世代かもしれない。白髪が目立つ。

トラックの運転手だった。仙台でフェリーを降り、冷蔵の食品を東京まで運ぶのだという。彼は僕の隣に座ってトラックドライバー事情を話してくれる。

「最近は物価が高くて大変だよ。この船の食堂だって、夕飯はバイキングで二千百円もする。とても食えんよ。いつもカップ麺。仙台から先だって、昔は一食六百円ぐらいの定食を出してくれるトラック食堂があったんだけど、そこもいまは千円以上。だから自炊だよ。トラックにコンロを積んでる。厳しいよな。仲間も皆、自炊さ」

なぜ、僕がこのフェリーに乗っているのか……とおじさんは一言も訊かなかった。

そして、「喫《す》うか」といってハイライトを差し出した。

一年ほど前の健康診断で、間質と呼ばれる肺胞の壁の線維化がみつかった。間質性肺炎の初期と診断された。

「煙草はやめることだね」

医師の勧めで禁煙外来に通った。それ以来、一年ほど煙草は喫っていなかった。

煙草をやめてわかったことがあった。体は煙草を欲しているわけではないのだが、人生の記憶が煙草につながっているということだった。

勤めた会社は新聞社だったから、そこでは煙草に染まるような日々をすごした。担当のデスクは、口元からいっときもハイライトが離れないチェーンスモーカーだった。煙草のにおいはあたり前のように編集部のフロアを漂っていた。

退職し、海外に出ることが多くなったが、そこには禁煙など無縁の世界が待っていることも多かった。中国で列車に乗ると、あいさつ代わりに煙草を差し出された。徐々に減りつつはあったが、飛行機にも喫煙席があった。離陸し、禁煙のサインが消えると、機内のそこかしこから煙があがった。僕はそのなかで旅をつづけてきた。日本国内の喫茶店、そして場末の飲み屋、海外で路上に広がるカフェや屋台……そこに座っていたシーンはことごとく煙草につながっていた。禁煙……それはそんな人生の記憶を消していくことだと悟った。

高校三年のとき、僕は松本のフランス茶房という喫茶店に入り浸っていた。ときに信州大学の学生もやってきて、反戦デモの打ち合わせもした。僕ら高校生は皆、背のびをして煙草を喫った。苫小牧発仙台行きフェリーのデッキでビールを飲んでいると、そんな記憶も蘇ってくる。

おじさんが煙草を差し出したとき、レストランのフロアにあった喫煙室が脳裡をよぎった。彼は意に介していないようだった。僕は煙草を喫った。ひどく苦かった。

おじさんはしばらくすると、「風呂に入って寝るよ」といって船室に戻っていった。
僕はまだデッキに座り、月を眺めていた。
〽僕の髪が　肩までのびて……
そのフレーズを小声で口ずさんでみる。
苫小牧発仙台行きフェリーは静かに太平洋を南下していた。

シニア割引

日本の国内旅には多くのシニア割引が設定されている。僕もできるだけ利用しようと思って調べていくと、ときに失望し、ときに鼻白む思いに駆られる。

たとえばホテル。あるホテルのサイトを眺めると、シニア割引のプランが出てくる。夫婦ふたりでどちらかが六十五歳以上という条件が提示され、落ち着いた部屋の写真と豪華な料理。通常七万円だが五万五千円になるという。この種のプランが実に多い。

そこで僕は首を傾げてしまう。日本のシニアはそんなに豊かなのだろうか。いや、長く連れ添った夫婦なら、もう少し効率のいい旅費の使い方をする気がする。ふたりで五万円を超えるプランというのは、子供たちが還暦祝いにプレゼントするような世界に映る。僕など、古希《こき》の祝いに娘たちからこの種のプランを提案されても正直なところ困ってしまう。本音は拒否。もっと安いホテルでいい。それだけのお金を出してくれるなら、もう少し別の使い道を考える。

ネットで安いホテルを探せば、ひとり一万円を切る宿がすぐにみつかる。ゲストハウス系になれば三千円を切ってくる。僕は安ければ……を優先してしまうバックパッカータイプだから、ゲストハウス系の宿にも抵抗感はない。妻がどう思うのかはわからないが、僕ひとりならそんな宿でも十分だ。しかしそういう世界にはシニア割引がない。シニアが泊まることを想定していないのか、これ以上は割引できないからなのか。

もうひとつの疑問は、シニアの夫婦問題。長く夫婦をやっていれば、互いに心地いい旅というものはわかってくる。五万円の宿泊プランがしっくりこない夫婦も少なくないはずだ。ふたりの仲が悪いといった話ではない。

以前、タイ政府が「老後をタイでのんびり暮らす」というプランをつくった。ロングステイである。当時は円も高かったから、年金をうまく使った老後のプランということで話題にもなった。タイ政府はビザを新設し、そのPRに日本人のシニア夫婦をモデルに使った。しかしふたを開けてみると、申し込んだ日本人の大多数は男性ひとりだったという。タイ好きだから……という要素はあるかもしれないが、さまざまな国が行うロングステイの実態を見ると、ふたりで海外移住という夫婦は少数派である。

鉄道の世界になると、少しは僕向きのシニア割引が目につくようになる。J

R以外の地方鉄道の多くがシニア割引を行っているが、沿線住民向けの感が強い。旅ということを考えれば、JRの「大人の休日倶楽部」に食指が動く。六十五歳以上なら「大人の休日倶楽部」ジパングに入会できる。JR東日本とJR北海道を利用するとメリットがあるという。新幹線をしばしば利用するなら年会費はすぐに元がとれるようだ。全国のJRの切符が購入二十回まで二〇～三〇パーセント引きで手に入るサービスもある。エリアは限られるが、乗り降り自由のフリー切符も会員限定で販売される。

しかしよく考えてみれば、「青春18きっぷ」のほうがはるかに得。この割引切符は、利用期間が限定され、普通列車しか乗ることができないが、僕のようなタイプには、この切符のほうが性に合っている。結局は「大人の休日倶楽部」などのシニア割引も、僕にはあまり縁がなさそうだ。

国内線の飛行機にもシニア割引がある。日本航空、全日空、スカイマーク、AIRDOなどが行っている。LCCにはシニア割引はない。

全日空は六十五歳以上で利用できる「スマートシニア空割」がある。ANAマイレージクラブカードかANAカードの会員になれば利用できる。当日の午前零時から空席があれば予約できる。

スカイマークにもシニアメイト１というシニア割引があるのだが……

二〇二四年の三月三十一日から十月二十六日の通常期で見ると、東京―札幌、東京―沖縄が一万七千六百円。しかし日本にはＬＣＣもある。二〇二四年の四月一日の東京―札幌を見ると最安値は五千三百十円（三月一日現在）。運行時間帯にもよるが、ＬＣＣのほうがはるかに安い。航空券は安ければいい派だから、航空会社のシニア割引も僕向きではない。ただＬＣＣが就航していない東京―稚内を見ると、四月一日はＬＣＣのピーチで札幌まで行き、そこから全日空に乗り換えて二万六千五百四十五円（三月一日現在）が最安値。全日空の「スマートシニア空割」は二万三百円だから、わずかにシニア割引が安いが……。
日本のシニア割引の立ち位置は微妙である。僕が苫小牧から仙台まで乗った
フェリーにもシニア割引はなかった。僕が好む旅はシニア割引との相性が悪い。

第五章　高尾山登山に没頭した先に駅ビール

日本百名山という山の分類がある。これは深田久弥《きゅうや》がまとめた山岳随筆集『日本百名山』に由来している。ここには北アルプスの山々など、かなり険しい山も含まれている。シニアには少しハードルが高いという印象なのか、その後、小林泰彦の『日本百低山』という本が出た。日本の百低山はほかにも日本山岳ガイド協会がまとめたものもある。それぞれ定義はある。

深田久弥は山の品格、歴史、個性というものを判断基準にして、原則標高が千五百メートル以上と決めて選んでいる。百低山は標高千五百メートル以下ということになるが、どちらにせよ、著者や選考した人たちの主観が入ってくる。

山の魅力というものはそういうものだと思う。しかし世間は権威のようなものを求めたがるから、日本百名山や日本百低山はひとり歩きをはじめることになる。そういう視点で眺めると、日本百低山の認知度はもうひとつだが、日本百名山は、ひとつの地位を確保しているように映る。

高尾山――。この山は日本百名山に含まれていると思っている人が多いという。

二〇〇七年の『ミシュラン・グリーンガイド・ジャポン』で富士山とともに星を三つ獲得した。富士山は日本百名山には欠かせない山である。となれば高尾山もという流れだろうか。しかし高尾山は日本百名山には含まれていない。標高は五百九十九メートル。深田久弥の百名山定義は、標高千五百メートル以上だから当然、百名山から漏れてしまう。

しかしミシュランガイドの訴求力は強い。登山者は増え、その数は年間二百五十万人から三百万人にもなった。なんでも世界一登山者が多い山なのだという。なんとなく百名山に押しあげられそうな空気すらある。

別にその勢いに乗ってというわけではないのだが、僕にとっての日本百名山のなかには高尾山は必ず入ってくる。名山や低山といった定義が、最終的には個人の主観になるという発想をあてはめれば、僕のなかでの高尾山は百名山のトップに君臨する。富士山をもしのいでいる。ここまで押しあげたのはコロナ禍だった。

新型コロナウイルスが日本を包み込んでいた時期、何回、高尾山に登っただろうか。その回数もおぼろげだ。新型コロナウイルス対策はころころ変わり、いったいいつ、どんな規制があったのか記憶も混濁している。少なくとも月に二回は高尾山の頂をめざす山道に汗をかいた気がする。それが習慣のようになってしまい、いまでもちょっと時間ができたり、あまりに空が晴れ渡った日は高尾山に向かう。

自宅から京王線の高尾山口駅まで電車で向かい、山頂まで登り、急いで帰ってくると半日。のんびり行けば日帰りのコースだ。

秋晴れの一日、高尾山口駅で電車を降りた。改札脇にあるコンビニでペットボトルの水を二本、そしておにぎりを一個、さらに非常食を兼ねてお菓子をひと袋。それをザックに詰めて歩きはじめる。ゆっくり登って二時間半ほどの山で、登山客も多いから、遭難するようなことはないと思うが、僕は高校時代に山岳部で山に登っていたから、やはり非常食ぐらいは……と思ってしまう。

おにぎりは高尾山口駅からケーブルカーの駅までの道で食べることが多い。そば屋や土産物屋がつづく道だ。

山岳部で山に登っていたから登山にはそれなりの自負がある。しかし数年前、北アルプスの爺ヶ岳の山頂をめざしたとき、登りはじめて二時間ほどで急に体調が悪くなってしまった。息遣いが乱れ、どっと汗をかいた。登山道にへたり込んでしまった。空腹感があり、おにぎりを食べ、水を飲んで休息すると、体は落ち着いてきたが。

「やはり年齢だろうか」

そのとき思った。確実に筋肉は落ちている。同じように山に登る知人に話すと、それは「しゃり切れではないか」といわれた。しゃり切れというのは一種の山用語でしゃりバテともいう。しゃりは米のことだ。糖質が足りなくなり、低血糖状態に陥ってしまうことをいう。爺ヶ岳に登ったときは、朝もしっかり食べていたのだが……。

年齢が六十歳を超えるといろいろなことが起きる。五十代の後半、心房細動が発覚した。俗にいう不整脈である。自覚症状はまったくないが、僕の心臓の鼓動は不規則だ。脈のリズムが一定ではない。脈がしばらくないときに血栓ができる可能性があり、以来、ワーファリンを常飲している。ワーファリンは抗凝固薬。血液をさらさらにし、固まりにくくする効果がある。

爺ヶ岳で変調に襲われた。それは不整脈がストレスになっているのかもしれない。あのときは、おにぎりを食べると静まった。そこに因果関係があるとは思えないが、ひとつのトラウマになっている。空腹感はないのだが、登る前におにぎりを一個食べるようにしている。精神的なお守りのようなものかもしれない。

ケーブルカーの駅とリフトの乗り口の前の広場で少し悩む。さて、今日はどのルートで登ろうか……。

高尾山には1号路から6号路、そして稲荷山コースなど七つの登山路がある。2号路と4号路はまず1号路を登り、そこから分かれる登山路だ。5号路は山頂周辺の道である。ケーブルカーの駅付近から登りはじめる道は、1号路、6号路、稲荷山コースということになる。

1号路はアスファルトで舗装された道だ。高尾山は登山口から登りはじめて頂上をめざすこともできるが、途中までケーブルカーやリフトで登ることができる。ケーブルカーやリフトが着く地点にはレストランや土産物店が並んでいる。山頂にも何軒かの食堂がある。そこまで食料や物資を車で搬入する。その車が通る道が1号路だ。歩いて登ってみればわかるが、1号路の傾斜は思った以上の急坂だ。車なら苦もなく登ってしまうのだが。

今日は6号路を登ってみようか。そう決めて、ケーブルカーの駅の脇にある道を進んでいく。すると妙音橋という小さな橋に出る。ここを左に折れる道が6号路になる。沢に沿って高尾山頂に向かっていく道だ。稲荷山コースはケーブルカーの駅の横に登山口がある。一気に登り、尾根道を歩いて山頂に向かう。

高尾山は1号路やケーブルカーを利用していけば簡単に山頂に辿り着くが、それ以外の道はそこそこの登山道だ。サンダルやヒールのある靴で登るのは難しい。

ケーブルカー清滝駅。ケーブルカーに乗ったことは1回もないが

6号路の登山口。ここで軽い準備体操をすることにしている

これだけ高尾山に登っているから、すべての道は歩いている。そのなかで僕好みのコースができあがっている。6号路を登り、途中で稲荷山コースに出る。そこから山頂に向かう。帰りは3号路をくだり、2号路に入り、そこから妙音橋に出るルートだ。いちばん人に会うことが少ないコースでもある。

今回もその気に入ったコースを登ることにした。妙音橋から沢に沿った登山道に入っていく。少しずつ足が地面に吸いつくような感覚が戻ってくるのがうれしい。山登りの歩き方は、平地を歩くときと少し違う。靴底全面を地面につけ、摩擦係数を高めて歩く。このほうが足への負担が少ないのだ。つま先で跳ねるように登ると疲労が溜まっていく。

「ガニ股で歩け」

山岳部時代はよくそういわれたものだった。一度、北アルプスの三俣蓮華岳《みつまたれんげだけ》の三俣山荘の主人と山を歩いたことがある。当時、主人は七十歳をすぎていたと思う。彼は登山靴ではなく地下足袋《じかたび》を履いていた。その歩き方はみごとだった。まるで足裏に吸盤がついているかのようにピタッと地面をとらえていた。足の出し方はガニ股だった。

できるだけ、足裏全面が地面につくように歩きはじめる。街を歩いているときとは足の動きが違うから、少し汗ばんでくる。山にはいったなぁ……と思うときでもある。そこでふっと立ち止まる。沢の音が静かに聞こえてくる。

僕はそのとき、登山道の構造のようなことを考えていた。登山道は沢道と尾根道に大きくわかれる。

沢道というのは、山のなかを流れくだる川に沿って登っていく道だ。急な登りは少なく、少しずつ高度をあげていく。山というものはどんな道を登っても、同じ山頂に辿り着く。登らなくてはならない標高差は最終的には道に関係なく同じになる。少しずつ高度をあげていく沢道のつけは終盤にやってくる。沢を離れ、最後の山頂へのアプローチは急登になる。「胸突き八丁」という言葉がある。「最後の苦しい局面」「正念場」のように使われるが、由来は山用語である。富士山に登るとき、最後に胸が地面についてしまうほどの急な登りが八丁（約八七二メートル）もつづくという意味だ。登山道を説明するとき、

「最後は胸突き八丁だけどね」

などという。沢を離れ、山頂まで急登があるという意味だ。

それに対して尾根道は、最初に急な登山道が待っている。そこを一気に登って尾根に出てしまうルートを指す。尾根道に出てしまえば、山頂までは比較的平坦な道

になる。

北アルプスなどでは季節によって沢道と尾根道を使いわける。雪が積もった冬季には尾根道になる。雪崩《なだれ》に巻き込まれる危険が少ないからだ。夏から秋にかけては沢道を選ぶことが多い。山頂近くまで水が確保できるからだ。登る身にしたら、最初につらい登山道を登るか、それを終盤にもってくるかの違いなのだが。

そんなことを考えながら、高尾山の登山道を登る。少し道が急になると、そろそろ沢を離れはじめたかもしれない……などと谷底を眺める。木々の間に稜線が見えないかと視線をあげる。そのとき、山歩きに没頭している自分がわかる。

よく人は、「なにも考えずに……」と口にするが、人の脳はそうできてはいない。いつもなにかを考えている。僕は山道を一歩、一歩刻みながら、山歩きに没頭しようとする。脳のなかにはびこる仕事や収入の悩みごとをできるだけ排除しようとする。脳細胞を埋めているのは、息遣いが伝える僕の体力やこれまで山を歩いてきた思い出だけだ。できるだけその世界に没入しようとする。

新型コロナウイルスは、僕の仕事を直撃した。旅をつづけながら旅を書く旅行作家が旅をとりあげられてしまったのだ。犬が遊び道具のボールをとりあげられ、することもなくあたりをうろうろ歩くのに似ていた。僕は海外での旅を書くことが仕

6号路を登る。この少し先で稲荷山コースに向かうことが多い

事の大半だったから、蔓延《まんえん》するウイルスの前でただ立ち尽くすしかなかった。

旅をとりあげられた……というのは誇張がすぎるかもしれない。国によっては入国を許してくれるところもあった。旅の予定すら立てられない状況のなかで、僕は夜になるとパソコンに向かった。世界の国々は、さまざまな入国規制を打ち出していた。そこにはワクチン接種の義務化や渡航前のPCR検査などがあった。国によっては、現地で新型コロナウイルスに感染した場合の治療費を賄う保険に入ることも必要だった。感染が拡大している国からの入国を拒む国もあった。暇にあかして、それらをひとつ、ひとつチェックしていく。政府や大使館が発信する情報や、旅行会社やＷｉ－Ｆｉルーターを貸しだす会社などが独自にまとめたサイトも調べた。国や大使館の表現は独自のものがあり、いったいなにをいっているのかわからないときの補助手段のように民間企業の調査をつかうこともあった。海外の国が発信する規制は英語で書かれていた。専門的な医学用語も多く、理解するのに時間がかかった。

それが僕の日課になっていった。

しかしモニターに映しだされる細かい規制を目で追いながら、ある虚しさも感じとっていた。仮に海外に出たとしても、それを書かせてもらう場がないこともわかっていた。ほとんどの人が海外に出向くことができないのだから、海外の話を扱う書籍の出版は難しかった。皆が感染に苦しみ、なんとか抑え込もうとしているのに、ふらふら海外に出た内容の書籍を出版したときの反応を気にする会社もあった。多くの非難を浴びることがわかっていたからだ。

「いまの若い社員はね、政府のいうことに怖いぐらい従順なんです。反発してまで本を出そうとはしない」

知り合いの編集者は、僕の仕事場になっている事務所でビールを飲みながらそういった。飲食店がアルコールを出すことを制限されている時期だった。

それでも状況に抗うように僕は海外に出た。タイに行ったときなどは、渡航前に四万円もするPCR検査を受け、タイ政府が指定する保険にも入った。乗った飛行機は席数が三百近い大型機だったが、乗客は四人だけだった。到着したバンコクのスワンナプーム空港では、いくつかのカウンターで書類のチェックを受け、空港前で待機していた車で連行されるように隔離ホテルに向かった。運転手は防護服を着こみ、会話は禁じられていた。それから二週間、部屋から一歩も外に出ることができない隔離がつづいた。一日三回の食事はドアの前に置かれる。その合図でそっとドアを開ける。独房に入れられるとこういう日々をすごすのかもしれないと思った。バンコクで一週間ほどをすごし、日本に帰国すると、今度は日本での隔離が待っていた。隔離されるために海外に出たようなものだった。そしてその内容を本にすることはできなかった。同じように仕事を失ったカメラマンたちと一緒に開設したユーチューブで配信するのがやっとだった。

僕は日本の同調圧力に晒《さら》されてもいた。新型コロナウイルスに感染し、多くの犠牲者が出ているというのに……という正義を押しつけられた。

ウイルスの蔓延は、日本での日々をも不自由なものにしていった。「不要不急」という言葉がテレビからしきりと流れるようになっていた。

不要不急……曖昧な言葉だった。ときに政治用語にすら映った。旅が封印されても、人は死ぬことはない。つまり不要不急なのだ。しかしその旅を生業にしている僕にとっても旅は不要不急なのか。その答えは導きだせなかった。それはライブやコンサートを生業にするミュージシャンも同じだった。音楽がなくても死ぬことはない……同じ論理だった。

旅に対する制限は、日本の国内移動にも波及していく。県境をまたぐ移動にも無言の圧力がかかってくる。僕はどんどん追い詰められていった。本を書いて得る収入の道は途絶え、東京から出ることもできない。

そこで僕は高尾山に向かうことになる。高尾山は東京の西端に近かった。山頂の少し西側が東京都と神奈川県の境界だった。ぎりぎりの東京だった。

収入の道が途絶え、いつ好転するのかもわからない空白の時間を人はどうすごすのだろうか。

コロナ禍のなか、そんな男性のドキュメントをテレビで見た。紹介されていたのはスポーツジムのインストラクターの男性だった。勤めていたジムは感染を防ぐ目的で休業を余儀なくされた。なにもすることがない。そのなかでジムを経営していた会社が倒産してしまう。再就職の道を探ってはいたが、多くのジムが非常事態宣言下で休業中だった。

その男性は毎日、夜の街を走っていた。五キロの距離をただ走る。体をいじめるように走りつづけたところでなにかが変わるわけではなかった。ネオンも少なくなった街は暗く、人々は息を潜めるように家にこもっていた。その男性は、自室にじっとしていることは耐えられないと語っていた。

おそらく彼は、夜の街を走りながら、「あと二キロぐらいか」「今日は左足に少し違和感がある……」などと考えつづけていたはずだ。走ることに没頭しようとしていたのだろう。部屋にひとりでいると、つい仕事や収入の不安に脳裡を支配されてしまう。テレビをつけると、今日の新規感染者数、といった報道がしばしば流れる。都道府県別の状況やワクチンの接種率もしつこいぐらいに流れるが、誰もこのパンデミックがいつ収束するのか、という問いには口を閉ざしていた。

新型コロナウイルスの感染拡大も収束に向かい、各国が入国規制を緩和するなか、タイに向かった。PCR検査の陰性証明やワクチンの接種証明は必要だったが、隔離は一日に減っていた。昔からの知り合いの沖縄料理店を訪ねた。話は当然、コロナ禍をどう耐えたかといった話になってしまう。

「バンコクも店を開くことができなかった時期が長くつづいたんです。許されたのはテイクアウトだけ。政府からの給付金などの支援はなにもない。タイ人経営の店は従業員の大半を実家に戻し、待機してもらうことが多かった。店によっては、社長も収入がなくて大変だから……と自主的に実家に帰った従業員もいたって話です。でも、うちはそういうことができなかった。従業員のほとんどはミャンマー人なんです。ミャンマーとタイの国境は、感染対策で完全に閉鎖されてしまっていた。それにミャンマーではクーデターが起きて軍事政権に戻ってしまっていた。ミャンマーの実家に戻って……という道はなかった。ということは毎月、給料を渡さないといけないんです。弁当のテイクアウトといっても収入は微々たるものでね。毎月かなりの金が出ていく。私の貯金から払うしかない。毎朝、四時頃に目が覚めちゃうんです。なにしろ夜、店を開けないから、早く寝てしまう。ぼんやりしていると、嫌なことばかり考えちゃうから、車で早朝の街に出てました。バンコクも地方への移動制限があったからトラックもほとんど走っていない。車も少ない。その道をただ走るんです」

出口がみつからない状況に追い込まれたとき、人は意味もなく没頭することをみつけようとするのだろうか。頭のなかを空にすることなどできないが、没頭するという行為が脳のある部分を占有してくれる。

それが僕の高尾山だった。僕も山道をあるくことに没頭しようとした。

6号路を登っていく。沢に沿って登っていくことを、山用語で「詰める」という。6号路は適度にベンチが設置されている。そこに座って谷の深さを眺めながら、「だいぶ詰めてきたな」とひとり呟《つぶや》いてみる。さらに汗を拭いつつ登っていくと、沢を越える短い木製の橋に出る。コロナウイルスの感染が増えている時期、大雨が降ったことがあった。高尾山の登山道のなかには道がえぐられるように消えてしまったところがあった。沢道はときどき、こんな被害に遭う。6号路から山頂までの道も大雨で崩れ、通行止めになっていた。しかたなく斜面を巻くようにつくられた道を通って稲荷山コースに出たことがあった。

山頂に着き、登山コースを振り返ってみると、なかなかいいコースだと思った。沢道と尾根道の両方を歩くことができる。天気がよければ尾根道は爽快である。谷から吹きあげる風が汗を乾かし、視界が開ける。

稲荷山コースの欠点は水溜まりだった。登山靴が泥で汚れるのは沢道の特徴だったが、高尾山の稲荷山コースは尾根道の幅が広く、木道などがつくられた影響で道に窪みが多かった。前日に雨が降るとそこに水が溜まってしまう。そこを進まなくてはならないから、靴が泥だらけになってしまうのだ。

今回も水溜まりを覚悟していたが、木道や木製の階段が増え、水溜まりは減っていた。コロナ禍が通り過ぎ、増える登山者に備えて整備を急いだのかもしれない。稲荷山コースの最後は二百段を超える木製の階段である。そこを一気に登りきると山頂に出る。急に人が増え、表舞台に出たようなちょっとした緊張に包まれる。ケーブルカーやリフトに乗り、そこから舗装された1号路を登れば、散歩気分で山頂に着くこともできる。それも高尾山だった。

これまで高尾山ではさまざまな登山者を目にした。トレイルランニング組には何回も追い抜かれた。山を走るように登る人たちだ。彼らは自分のペースをつくりたいのか、できるだけ登山者が少ないコースを選ぶ。僕は走らないが同じように静かな登山道派だから遭遇率が高くなる。

大声で歌を歌いながら下山する人にもよく会った。登り道では息が切れて歌は難しいのかもしれない。

コロナ禍が収まる前、東京都の檜原村《ひのはら》を訪ねたことがあった。取材は都内に限られた時期だったと思う。村内にある滝をめぐることになっていた。なかでも払沢《ほっさわ》の滝は知られていた。最近は完全結氷することはないようだが、毎年、どのくらいまで凍ったかが発表される。最大結氷した最初の日を当てる氷瀑クイズで盛りあがる。

整備された木製の階段。登山靴で登ると少し歩きづらい

しかし訪ねたのは夏で、結氷には縁がなかった。そこそこきつい山道を登って天狗滝をめざした。斜面につくられたつづら折りの道を登ると、滝とほぼ同じ高さの崖の上に出た。そこから岩の間をくだって滝壺に出るようだった。崖の上から滝や滝壺が見渡せた。滝壺の横の川原に女性がひとり立っていた。

僕とカメラマンは急な斜面をそろそろくだった。

「ん?」

歌声が聞こえたような気がした。おそらくあの歌は、美空ひばりの『愛燦燦《あいさんさん》』……。しかしさらにくだると流れ落ちる水の音が大きくなり、歌声が聞こえなくなった。

僕らも滝壺の周りの川原に立った。そこにいたのは中年女性だった。僕らに気づいていたようで、軽く頭をさげた。

滝の撮影を終えて、僕らは村の中心エリアに戻った。そこにあるインフォメーションセンターで資料をもらった。センターの男性と雑談になり、僕は天狗滝で耳にした歌の話をした。

「そうなんです。最近、滝への問い合わせが多いんです。アクセスなんかじゃなくて、その滝のすき具合。観光客は多いかっていうか、誰か人がいますかっていう

高尾山の山頂。一気に人が増え、どうしたらいいのか少し迷う

……。理由を訊くと歌なんです。ウイルスの感染を防ぐためにカラオケは休業でしょ。歌いたくてたまらないけど、路上で意味もなく声を発することもできない。で、滝なんです。水が落ちる音で歌声がかき消されるんです。だから思い切って大声で歌える。でも、そこに観光客がいたら恥ずかしいじゃないですか。だからすき具合を訊いてくるんです」

カラオケファンも無心になって歌うことができる場所を求めていたのかもしれない。

そういえば天狗滝に向かう途中で、滝行の集団とすれ違った。全員が白装束。どこかの寺が主催する修行のようだった。若い人も多かった。彼らも滝に打たれながら、なにかに没頭できる空間を求めていたのだろうか。コロナ禍とはそんな月日でもあった。

高尾山を歌いながらくだってくる人も真剣になって歌うことができる空間を探していた気もする。彼らも人が少ない道を選んでいた。

くだりは3号路を歩くことが多い。そこから2号路に入る。2号路は高尾山さる園や野草園をめぐる散策コースと紹介されることが多いが、斜面をくだっていくと、6号路に出る。地図などではあまり紹介されていない道だ。本来の登山路ではないのかもしれないが、ここを歩く登山客は少なくない。

2号路から斜面をくだっていくと、もうひとつの分岐がある。6号路の琵琶滝《びわたき》に向かう道と行き先がはっきり表示されていない道。僕は後者の道をくだることが多い。その道は最終的に6号路の登り口に出るのだが、そこへの近道でもある。この頃になると疲れが少し出てくるから、近道を選んでしまう。

はじめてこの道をくだったときのことをいまでも覚えている。この道は登山路としては未整備で、小さな流れをまたぐようにしてくだっていくと、木々の間に突然、ビルが見えてくるのだ。高尾山周辺は京王線の高尾山口駅周辺に三、四階建ての建物はあるものの、登山道に入ってしまうと、ケーブルカーの終点付近や1号路の途中にある寺院以外に大きな建物はない。あるのは頂上の食堂や売店、ビジターセンターぐらいだ。そういう世界をしばらく歩いてきたとき、唐突に現れるビルには戸惑う。

そのときはビルのなかにいる人も見えた。三階か四階の通路からガラス窓越しに高尾山を眺めていた。

「これはホスピス？」

一瞬、そう思った。ホスピスとは人生の最後を静かにすごす医療施設だ。死期が近づいた人たちがいるわけだから、一般病院とは発想が違う。見舞いにやってくる人も少ないのかもしれない。それを想定して山の奥に施設を建てる……。そんな雰囲気が漂ってきた。

そこから二、三分歩くと、その建物の脇に出、まわり込むように進むと、建物の正面に出た。東京高尾病院だった。調べると精神科が中心の病院だった。

今日はケーブルカーの脇の舗装路を登り、妙音橋の手前を左に曲がって6号路を登った。そこを曲がらず、妙音橋を渡り、急な舗装路をあがると東京高尾病院に出る。ここから先に建物はない。高尾山登山の世界に入っていく。これも高尾山のもうひとつの顔だった。

2号路をくだり、琵琶滝かこの東京高尾病院に向かう道との分岐点ではゆっくり休む人が多い。もうケーブルカーの駅までは遠くない。ゆっくり歩いても十五分ほどだ。その安堵《あんど》が長い休憩……ということになる。僕もよくここで水を飲んで休む。

あるとき、そこで休んでいると、シニアの三人連れがやってきた。彼らも分岐で腰をおろし、山をくだったらどこでビールを飲むか、という話で盛りあがっていた。高尾山は標高が低いから気温が高い。標高が二千メートルを超えるような北アルプスとは違う。夏場に登るとかなり汗をかく。山をくだるとやはりビールだった。

ケーブルカーの駅から高尾山口駅までの間に、何軒ものそば屋があった。シニア登山者は、そこでそばとビールが定番になっていた。最初は僕もそれに倣っていたが、値段は観光地のそれだった。噂では高尾駅まで電車で出たほうがそばは安くなるという話だった。耳にしたそば屋は高尾駅の京王線側にあるようだった。僕も山をくだってすぐに飲みたいビールを我慢してそのそば屋に入ったこともあった。そこはチェーンのそば屋だった。たしかにそばは安くなった。ビールもあった。しかしなんとなくしっくりこない。やはり山をくだったらその足でビールに走りたかった。

そうこうしているうちに店でアルコールを出すことに制限がかかってくる。ビールを飲みたくても高尾山口駅に近いコンビニで買うしかなくなってしまった。駅前

高尾山口駅でビール。売店では発泡酒系の安いビールは売っていない。少し不満

のベンチが僕のビール席になり、その習慣はいまでもつづいている。今回もコンビニでビールを買った。

高尾山がコロナ禍のつらい時期を救ってくれたわけではない。しかし僕は気がつくとこの山に登っていた。それはある種の免罪符だった気もする。仕事も減り、いつトンネルを抜けるのかわからない日々のなかで、山頂をめざすというわずかな目的にすがったのか。いまでもわからない。しかし無心になって登るという没頭する時間を渇望していた。そんな日々は、高尾山を僕のなかのいちばんの山に押しあげてくれた。

高尾山口駅の前のベンチで飲むビールはいつもおいしい。でも、少し苦い。

シニア登山のコースタイム

登山にはコースタイムというものがある。ガイドブックや山案内サイトには必ず登場する。高尾山は登る人も多いから、その内容は充実している。本文で歩いている6号路もいくつかの案内がある。主だったサイトのコースタイムを紹介するとこうなる。

〈高尾山マガジン〉

ケーブルカー清滝駅→琵琶滝　三十分

琵琶滝→大山橋　三十分

大山橋→5号路交点　三十分

〈山と渓谷オンライン〉

ケーブルカー清滝駅→東京高尾病院分岐　十分

東京高尾病院分岐→琵琶滝　十分

琵琶滝→大山橋　二十五分

大山橋→稲荷山コース分岐　十五分
稲荷山コース分岐→3・5号路の合流点　二十五分
3・5号路の合流点→高尾山頂　八分
〈YAMAP〉
ケーブルカー清滝駅→（十分）→分岐→（二十分）→琵琶滝→（一時間）
→分岐→（十五分）→分岐→（五分）→分岐→（二分）→高尾山

各サイトでコースタイムは微妙に違う。一般的にこのコースタイムには休憩時間は含まれていない。

僕は高校時代、山岳部で山に登っていた。ガイドなどで紹介されているコースタイムとは関係なく、五十分歩いて、五分休憩といったペースで登っていた。それが僕の高校の山岳部の伝統でもあった。山のコースタイムを刻むポイントにはベンチなどが設けられていることが多いが、そういうものを一切無視し、決まったペースで登っていた。

ある程度本格的に山に登ったことがある人ならわかると思うが、休憩をとり、歩きはじめの十分がいちばんつらい。ペースがつかめてくると惰性で歩くことができる。休みすぎるとかえって登ることが苦しくなる。だから休憩は五分だった。

卒業し、ひとりで北アルプスに登るようになったが、高校時代に覚えたペースを律義に守っていた。この登り方はかなりストイックで、いくらみごとな山並みが眼前に広がってもそこで休憩をとることはなかった。ただただ歩きつづけた。

そういう登山から離れ、自分のペースで歩き、眺めのいいポイントでは休憩をとるといった山登りに変えたのは二十代半ばの頃だった気がする。山登りはこんなに楽しいものなのかとそのときはじめて気づいた。

その頃はまだ体力があった。ガイドブックなどに出ているコースタイムより早く目的地に着くことが多かった。一時間のコースタイムのところは四十五分ぐらいで歩いていた気がする。

しかし体力は確実に落ちる。一般的なコースタイムについていけなくなったのは五十歳をすぎてからだ。

コースタイムを発表している出版社や登山サイトは、どの年齢に合わせているのだろうと思うようになった。自分の体力が落ちてくると、こういうことを考えるものだ。

　そこで僕は自分なりのコースタイムを決めることにした。歩く速度は二割から三割遅くする。つまりコースタイムで三十分というところを四十分ぐらいで歩く感覚だ。休憩から休憩までの歩く時間も短くして四十分ほどにした。そして五分の休憩時間は十分に……。

　しかし一度コースタイムを落とすと歯止めがきかなくなる。登山というものは、つらいからといっていつまでも休んでいるわけにはいかない。それではなかなか山頂まで辿り着けない。そういうことは頭ではわかっているのだが、山道で休憩をとると、なかなか腰があがらなくなっている自分がいた。

　六十歳をすぎた頃から、なし崩し的にペースは落ちていった。いままでは三十分歩いて十分休むというペースでぎりぎりで踏みとどまっているが。このペースで登ると、一般的なコースタイムの一・五倍ぐらいの時間がかかる。これがいまの僕のシニア登山である。

　山に登るとしばしば山小屋で登山ツアーの一行と一緒になる。資格のある山岳ガイド同伴ツアーで、参加しているのは圧倒的にシニアである。そんな人たちの話が聞こえてくる。

「ガイドがついて、一日に歩くのは三、四時間ぐらいかな。このペースで山に登ると、もうどんな山だって登れますよ。槍ヶ岳や穂高岳も大丈夫。ただ日数がかかるからツアー代はけっこう高くなるけどね」

登山というものは歳相応の登り方ができる。シニア登山はまだまだ先があるらしい。

僕の高尾山登山は、一般的なコースタイムよりは遅いが、一・五倍も時間はかかっていない。高低差が少なく、歩く時間も短いからだろう。シニア向きの山だと思う。

第六章　七十歳が待ちきれない路線バス旅

予定通りにこの本が発売になると、それから約二カ月で、僕は七十歳になる。古《こ》希《き》である。人生七十古来稀なり……。杜甫《とほ》はこう詠んだ。寿命がのび、赤いちゃんちゃんこを着る還暦より、「よく生きました」感は強いという。杜甫がいうには、なにしろ稀なのだ。還暦のときもなんのお祝いもしなかった。おそらく古希もごく普通の一日のような気もする。いや、妻や娘が気を遣ってくれるか。

だいたい歳をとってうれしいことなどなにもない。なにをお祝いするのかと思う。僕はメンバーの多くが七十歳を超えているという句会に長く参加している。先日、そのひとりの奥さんが亡くなった。七十五歳だった。句会の席でひとりがこういった。

「話はもう、知り合いが死んだことと病気のことしかない」

メンバーの多くが六十代だった頃、話の中心は病気だったが、最近は死が加わった。物価の上昇ほど年金は増えるわけではないから、生活は決して楽ではない。僕にしても、たくさんの本を書いてきたが、悠々自適などとは縁遠い日常である。まだまだ働かなくてはならない経済状況のなかにいる。

しかし唯一、七十歳になるのを楽しみにしていることがある。路線バスのシルバーパスを買うことができるようになることだ。僕はしばしば都バスに乗る。僕の仕事場になっている事務所に行くのに便利なのだ。都バスに乗っていると、ときどき、シルバーパスのインフォメーションが流れる。「満七十歳を迎えた方は……」というフレーズで車内放送がはじまる。

シルバーパスというのは、多くの人が年額で二万五百十円の負担金を払うと、都バスや都営地下鉄、都電、日暮里舎人ライナーなどのほか、東京都内を走る多くの民営のバスに自由に乗ることができるパスである。僕がよく乗る都バスの路線は一回乗ると二百十円。自宅のそばを走っている関東バスは二百二十円。その運賃が無料になる。おそらく誕生月の初日、僕はシルバーパスを買いに走ると思う。

もっともこのシルバーパスにも賛否両論がある。高齢者を優遇しすぎているという人もいる。七十歳以上の老人は今後も増えていくわけで、財政への負担も増えるばかりだろう。どこか申し訳ない思いもあるが、制度としてある以上、使わせてもらおうと思う。

バスが好きだ。

その言葉には少し語弊があるかもしれない。僕はこれまで世界のとんでもなくつらいバスに何回となく揺られてきた。そういう旅を卒業したつもりもないから、これからも乗るのではないかと思っている。狭い車内に押し込められ、十時間、いやときに二日間も乗りつづける長距離バスである。この話になると、尾《び》骶骨《ていこつ》がうずくようなシーンがぞろぞろ出てくる。

中国がいまのように豊かになる前、中国の西端の新疆《しんきょう》ウイグル自治区で長距離バスに乗った。トルファンからカシュガルまで、タクラマカン砂漠の北端を粘り強く走るバスだった。砂漠の道といっても平坦ではない。年に数回降る雨は、川になって砂をえぐっていく。いつもは涸《か》れた川なのだが、そこは低くなっていて、道はその坂をくだり、川底からはのぼっていくという道を繰り返し走ることになる。当時の中国のバスのエンジンはあまりに頼りなかった。のぼり坂にさしかかるとがくんと速度が落ちた。この一帯のオアシスの周辺では羊の放牧が行われていた。夕方になると、牧草地からオアシスの村に羊は帰っていく。バスの脇をとぼとぼと歩くのだが、その羊たちに追い抜かれたときは涙が出そうになった。それほどバスは遅かった。そんなバスに何日も揺られるのだ。

パキスタンのクエッタからイラン国境まで乗ったバスは、世界三大地獄交通機関に数えられるバイブレーションバスだった。このバスも砂漠地帯を走っていた。夜行バスで、いったいどういう道を走っているのか目視はできなかったが、深夜、バスは車体が唸るように小刻みに揺れはじめた。僕は砂漠旅の食糧にと用意したリンゴを口元にもっていこうとするのだが、歯で嚙むことができなかった。揺れでリンゴと口が近づかないのだ。朝方、国境に着き、バスを降りるとその場にへたり込んでしまった。

ミャンマーのミャーワディからヤンゴンへ向かったバスが、途中の峠越えの道で横転したこともある。この峠道を走るトラックが故障し、渋滞が起きてしまった。峠道は狭く、故障したトラックを追い越すことはできなかった。それでもなんとかトラックを端に寄せて乗り切ったのだが、バスの運転手はその遅れをとり返そうとアクセルを踏む。バスは峠を越え、くだり坂にさしかかっていた。それは一瞬のことだった。反対側に座っていた女性が僕の頭の上を飛んでいった。運転手はブレーキが効かないことを察知し、無理やり横転させたようだった。粉々に割れたフロントガラスの間から外に出た。峠道の脇は崖になっていた。あと数メートル外側に横転したら崖を転落していたかもしれない。なんとか助かった。そのとき、僕は無傷のような気がしていたが、翌日から胸が痛く、寝た体勢から起きるのもつらかった。

後で調べると三本の肋骨にひびが入っていた。

アメリカではグレイハウンドバスにひたすら乗りつづける旅を何回も経験している。アメリカ一周が二回、横断が一回……。当時はアメリパスという乗り放題切符があった。それを使っての旅だった。アメリカの物価は当時も高かったから、ほかの交通機関は使わず、ひたすらバスに乗りつづけるしかなかった。その旅は、バスに乗るというよりバスで暮らすようなものだった。車内で食事をし、そして寝る。それが二週間近くつづいた。体がバスと一体化していくような旅だった。

そんなバス旅を若いときから懲りもせずにつづけてきた。僕の著作はその三分の一ぐらいがバス旅かもしれない。世界の交通機関をそのつらさで分けていくと、飛行機旅がいちばん楽な乗り物で、次いで列車や船旅、もっとも過酷な乗り物がバスになると思う。

それなのにバスが好き？

断じて僕は好きとはいえない。できることなら避けて通りたい乗り物だった。その区間を走っているのはバスしかないという事情で乗らざるを得なかっただけだ。いや、旅費をいかに安くするかと探っていくと、バスに辿り着いてしまったということか。円安のいま、交通費をいかに安くするかと考えていくと、またバスがのっそりと顔をのぞかせてくるのだが、まあ、それはあまり考えないことにする。

この章でお話しするのはそんな長距離バスではない。日本国内を走る路線バスである。僕は東京に住んでいるから、東京を移動する乗り物ということになるだろうか。

そのなかでバスがいちばん気に入っているのだ。東京都内を移動するとき、乗る頻度が多くなるのは電車だろうか。その路線が通っていないエリアをバスで結ぶという人は多いと思うが、僕の場合、電車が通っていてもバスを探す。乗客のひとりとして座席に座るとき、バスが与えてくれる空間が好きなのだ。

東京を走る電車のほとんどはロングシートである。ロングシートというのは、車両の両側に長い座席が設置されたスタイルの椅子だ。両側のシートの間に広いスペースができ、混雑にも対応できるのだが、座る人の視点に立つと、車窓風景が背後になってしまう。向かいの風景は見えるが、目の前には通路があり、そこには乗客が立っている。向かいの席も乗客がいる。しっかりと車窓風景を見ようと思うと、ドアのところに立つしかない。

そしてロングシートのもうひとつの欠点は隣に人がいるということだ。車窓を見ようと振り返ることは難しいし、膝の上の荷物がじゃまじゃないかと気を遣う。つまり、ひとりになれないのだ。

その点、バスはいい。以前のバスは通路を挟んでふたりが座る配置が多かったが、最近は窓に沿ってひとり用の席が並ぶタイプが多くなってきた。ここに座るとひとりになれる。

僕にはバスの車内の特等席がある。ここに座ることができると心が弾む。その席は運転手の真後ろと通路を挟んだ反対側の席である。どちらもひとり用の席だ。車内席の配置でいうと最前席になる。できることなら、運転手の後ろより、その反対側がいい。前方に視界が広がるからだ。

この座席が少し高い。座るときはステップをあがらなくてはならない。そのお陰で、新しく乗り込んでくる乗客を気にすることなく、いつまでも座っていることができるのだ。

都内のバスを利用するのは、シルバーパスの影響か高齢者が多い。まもなくその一員になるから、あまり強い口調ではいえないのだが、彼らはひとつ先のバス停といった短い区間でも利用する。そのなかには杖を頼りにする老人も少なくない。ひとバス停分を歩くのも大変そうで、シルバーパスは本来の目的を十分に発揮しているわけだ。車内にはそんな乗客向けに優先席があるのだが、その席が満席になって

70歳をすぎたら、僕の都内の移動は都バスがメインになる気がする

しまうことは珍しくない。さらに老人が乗ってくると、一般席に座っている人が席を譲る光景をときどき見かける。

しかし運転席の後ろとその反対側の席は、老人に譲らなくてもいいように思う。ステップがあるため、足腰が弱くなってしまった老人はあがることが難しいのだ。このステップが免罪符のような役割をはたしてくれる。心穏やかに座りつづけることができる。

七十歳になった後は、僕もシルバーパスを手にしているわけで、そのパスを手に最前席に座るというのは妙な話になるが、幸い、僕の足腰はステップをあがることができないほどに弱っていない。

むしろ気になるのは、バスオタク専用席のようにも映ることだ。空席が目立つような車内で、この席にぽつんと座っている人がたまにいる。若者も少なくない。ときに路線図をもっていたり、時刻表を手にしていることもある。体からバス好きのオーラを放っている人たちだ。僕はバスが好きだが、オタク体質ではない。そのあたりが少し気がかりなのだが。

僕の心配はすでに現実になっているようだ。バスファンの間では、最前列のこの席をヲタ席というらしい。やはりバスオタクが好む席なのだ。この席が消えつつあるという。理由は給油作業を楽にするための燃料タンクの移動だという。そして安全確認をするときもヲタ席がないほうがいい。ヲタ席の廃止は運転手の間でも好意的に受け止められている。バスファンの視線を気にせずに運転できるからだ。

しかし僕にとってのバスは、旅の最後の受け皿になってくれるのではないかと思うことがある。体力があれば、僕はこれからも海外への旅に出ると思う。そしていよいよ大変になってくると、日本国内の列車旅になるような気がする。「青春18きっぷ」を握りしめて各駅停車の席に座っている姿を想像できる。そしてその列車旅もつらくなってくると、自宅近くを走る路線バスになっていく。バスが受け皿というのはそういう意味だ。旅は海外から国内に狭まり、最後は都内を走るバスに辿り着く気がしないではない。

それでも旅は旅だと思う。

バス旅に開眼したのは、日本を新型コロナウイルスが席巻《せっけん》しているときだった。海外に出ることができず、県境をまたぐ移動に対しても自粛の声が強かった。旅は不要不急という風潮が生まれ、旅を生業にする僕も、静かに東京に蟄居《ちっきょ》するしかなかった。もっともその空気に抗って海外にも出た。振り返ってみれば、それは旅といえるものではなかったが。

移動が都内に限られたとき、バス旅を思いついた。それは第五章で伝えた高尾山への登山に似ている。人は行動に制限がかかると、そのなかで新しいものを生み出す。禁酒法時代に生まれたコーラのようなものだ。考えて見れば、酒を飲むことも不要不急の行為である。

僕は自宅から事務所まで電車で通っていた。海外旅に頻繁に出ていたときは気にもならなかったが、それが制限されると、旅への渇望が生まれてくる。そこで思いついたのがバスだった。事務所の近くにバス停をみつけたことがヒントにもなった。

調べると新宿駅西口から曙橋《あけぼのばし》、江戸川橋、目白駅を通って練馬駅まで走る都バスが事務所近くを通っていた。白61という路線番号が振られていた。白は目白駅の白だと思う。このバス路線は不思議なルートを走っていた。

新宿駅から練馬駅への路線を考えたとき、最短距離を辿ると北西方向に向かう道筋になる。ところがこのバスはまず東に向かい、歌舞伎町を通って曙橋……、つまり山手線のなかに入り込んでいくのだ。江戸川橋あたりが東端で、そこから西に方向を変える。目白駅で山手線を越えて外側に出、さらに西へ西へと進んでいく。新宿駅からルートを描くと、「つ」の文字を逆から書くような感じになる。

距離は十四キロほどだった。都バスの路線のなかではかなり長い。始発から終点まで乗ると二時間ぐらいかかる。二三区内を走るバスのなかでは二番目の長さを誇っていた。都バスはほとんどの路線が二百十円の均一料金である。

「同じ金額ならできるだけ長く乗りたい」

僕はそう考える旅人体質をもっていた。この路線に乗ってみることにした。

といっても始発から終点まで一気に乗ったわけではなかった。事務所の最寄りバス停は山吹町である。新宿駅西口から山吹町まで乗ってみることにした。

白61は新宿駅西口のロータリーを発車し、大ガードをくぐって歌舞伎町の入口を通っていく。そこから新宿五丁目、花園町などのバス停に停まって曙橋に向かっていく。

座席から車窓を眺めながら田中小実昌《こみまさ》氏を思い出していた。二十代の後半、ベルリンで田中氏と会った。といっても彼は高名な作家で、僕は会社を辞めてベルリンの知人の家に泊めてもらっている一介の旅行者にすぎなかったが。会ったのは日本料理屋である。彼はその店に入り浸っていて、昼間は個室で麻雀を打っていることがよくあった。夜になると、田中氏を囲むようにして宴会が開かれることが多かった。そこで田中氏はバス遊びの話をしてくれた。

田中氏はホテルの前から行先も確認せずに一台のバスに乗るのだという。そして終点まで行き、同じバスで帰ってくる。日々、それを繰り返していた。それをバス遊びと呼んでいた。たしかに遊びだった。目的地という発想がなく、ただバスに乗ることだけが目的だった。どこか内田百閒《ひゃっけん》の『阿房《あほう》列車』を彷彿《ほうふつ》とさせるようなところがあった。

訊くとそのバス遊びを雑誌に書くのだという。将来、原稿を書いていければ……とぼんやりと考えてはいたが、そのとば口にも立っていなかった僕は羨望の眼差しを向けるしかなかった。雑誌の原稿というのは連載だったようで、その原稿はやがて書籍になっていった。

バス遊び——。僕は白61という都バスに乗ることを、なにか旅のように考えていたが、それは遊びに限りなく近かった。

曙橋に着いたバスは、一気に坂道をあがって防衛省の薬王寺側を北に向かって進んでいく。このあたりは道に高低差があってつい車窓に見入ってしまう。榎町特別出張所の前を通り、大きく右折し、山吹町に近づいていく。

そこまで約二十五分。新鮮だった。いままで目にしてこなかった風景が次々に現れる。電車と違い、バスは商店や家への距離が近い。八百屋の前で信号停車すると、ダイコンやホウレンソウなどが並んでいるところまで見える。バス停の前にマッサージ店があると、「ここは人気なんだろうか」などと想像してしまう。

白61の路線の約半分を乗ったことになる。となると、残りの練馬駅までの区間が気になってくる。そこで悩んだのは、練馬駅から自宅までの足だった。新宿駅までは電車に乗ればよかったが、練馬駅と自宅の間は……。そこで思いついたのは自転車だった。調べると練馬駅行きの本数は少なく、多くは少し手前の練馬車庫止まりだった。近くに駐輪場もあった。そこまでは自転車に乗れば白61をかなり乗りこなすことができる。こうしてひとつのルートができあがっていった。

ある日、自宅を自転車で出発した。地図を頼りに練馬車庫をめざす。あまり走りたくはなかったがわかりやすい大通りを進む。三十分ほどで着いた。途中の道は平

練馬車庫の前にあるバス停。近くで水を買って乗り込む。バス旅気分？

坦で自転車向きだった。

バス停は練馬車庫の前にあった。千川通りに面していた。バスは千川通りを東に向かい、江古田駅をかすめるようにして南長崎通りに入っていく。バス一台が窮屈に進むような狭い道だ。途中にはトキワ荘マンガミュージアムがある。やがて目白通りに入り、山手線内に進んでいく。その先の日本女子大前のバス停から、制服姿の小学生が一気に乗り込み、車内は混みあってくる。セレブといわれる親が子供を通わせることで知られる小学校がそこにあった。

白61のバスは、都バスのなかでも利用客が多い路線だといわれる。目白駅から江戸川橋までの間は学校が多い。そこに通う学生たちが通学に使うからだろうか。

練馬車庫からは平坦な道だが、椿山荘《ちんざんそう》あたりから一気に坂をくだり、神田川に向かっていく。山吹町のバス停はその先だった。

練馬の台地から神田川の川筋へと進むルートは、東京というより江戸の構造を観察していくような趣があった。高架化や地下化が進む電車には高低差という感覚がない。実際はあるのだろうが体感できない。とくに地下鉄になると、車窓風景がないためか平坦なところを走っているような気になる。バス旅は電車とは違う味わいがあった。始発のバス停から三十五分ほどのバス旅だった。

こうして僕は白61路線を制覇した。

それから頻繁にこの路線を使うようになった。自転車を使う自宅から練馬車庫までの道は試行錯誤を繰り返した。できるだけ車が少なく、高低差が少ない道を選んでいく。その都度、Ｇｏｏｇｌｅマップで確認していけばいいのだろうが、自転車で走っていると、その作業が面倒になってくる。自分の勘で、「この道がつながっているんじゃないか」などと進むと、行き止まりの路地に入り込んでしまうことがよくあった。なにか変だな……と地図を確認すると、逆の方向に進んでいたことも

小滝橋車庫。右側のベンチに座り、車庫内を移動するバスを眺める

あった。それを繰り返しながら、好みの道筋が決まっていく。はじめのうちは時間がかかったが、一カ月もすると、走る道が固まってくる。その日々も旅だった。走る道が決まってくると、なんとなく通勤という気分に近づいていく。しかし自転車で走りながら、いつももっといい道はないかと探していた。路線バスを使う通勤が旅になっていった。

　これで海外への旅ができない鬱屈が完全に消えたわけではなかったが、少なくとも事務所への道筋が色を帯びてきた。

　そこから僕はバス旅路線を増やしていった。

ひとつの拠点になったのは小滝橋《おたきばし》車庫だった。ここから飯田橋や上野公園に向かうバスが事務所の近くを通っていた。自宅から小滝橋車庫までは自転車である。この道も中野周辺まで広がる台地から、神田川が流れる低地に向かって坂道をくだる。その途中の道は寺が多い。このあたりの寺は、明治時代の東京の区画整理や関東大震災で、浅草などから移転したものが多いという話だった。

中野まではいくつかの脇道を通ることが多かったが、落合付近で山手通りを渡ると、早稲田通りを一気にくだっていく。その道が気に入っていた。坂道をペダルを漕がずに風を切ってくだっていくことができる。その先に小滝橋車庫が見えてくる。この風景が好きになった。

小滝橋車庫のベンチでバスを待つ時間も気に入っていた。東京という街にいながら、バスの車庫にいると、旅をしている気分に浸ることができる。

こうして僕の路線バス旅が形になっていったが、そこで終わらなかった。旅というものは不思議なもので、バスに乗っていると、その先々で謎が生まれてきてしまうのだ。

何回か白61や小滝橋車庫からのバスに乗っているうちに気になっていくのがバス停名だった。

小滝橋車庫を出発したバスは高田馬場駅を通り、早稲田通りを早稲田大学方面に進んでいく。その途中に、新宿区社会福祉協議会前というバス停があった。乗っているのは都バスだから、東京都の施設を優先的にバス停名にしていく発想はわからないではない。いってみれば役所の広報の役割をバス停名に負わせているようなものなのだが。そのバス停に停車している間に、僕は車窓から新宿区社会福祉協議会を探した。停車時間は長くないから、バスの左側座席から周辺を眺め、その看板を探す。次に乗ったときは反対側に座り、道路の反対側に目を凝らす。しかし、何回探しても、その建物や看板がみつからなかった。

これはすごく気になることだった。僕は新宿区の住民ではないから、この施設とは縁がないのだが、どうしても落ち着かない。そしてある日、このバス停で降りてしまうことになる。

新宿区社会福祉協議会は通りを越えた反対側の路地を入ったところにあった。

「これを前といっていいのだろうか」

同じ問題は白61路線でも次々に出てきてしまった。最初に気になったのは歌舞伎町のバス停だった。バス停名は問題ないのだが、その後にこんなアナウンスが流れる。

「健康プラザ前です」

健康プラザ？　歌舞伎町とはあまりに縁のない施設だった。この建物も何回車内から探してもみつからなかった。ずいぶん悩み、結局は降りてしまう。そこでＧｏｏｇｌｅマップに健康プラザと打ち込んでみる。表示されたのは、「東京都健康プラザハイジア」だった。そしてその場所は、旧新宿コマ劇場のさらに先の都立大久保病院の脇だった。

いくらなんでも……そんな謎を胸に歩いてみる。歌舞伎町一番街を進み、旧コマ劇場の脇を進み、花道通りに出ると、左手に大久保病院のビルが見えた。そして病院に隣接して健康プラザがあった。さまざまなテナントが入った十八階建てのビルだった。調べると、都立大久保病院の跡地を利用し、東京都の土地信託事業として運営している施設だった。

それにしても……。靖国通りに面したバス停から十分近く歩いていた。これをバス停の案内で「健康プラザ前」とアナウンスしていいのだろうか。いくら都バスとはいえ、東京都はそこまでやっていいのだろうか。

バス停に停車する前の案内で伝えられるものには、宣伝目的のものもある。マンションの賃貸会社、病院、フィットネスクラブ、パソコン教室……。すぐにみつか

これがバスの車内アナウンスで流れる「健康プラザ」。建物は立派だが

歌舞伎町バス停。乗り降りする人はかなり多い

るもののほうが少なかった。そして僕は深みにはまっていく。白61、小滝橋車庫を発車するバス……そのバスのバス停の半分以上で降り、案内される施設を探すことになってしまった。なんという無駄遣いだろうか。シルバーパスがあれば問題はなかったのだが。いや、そういうことではない。たしかに旅には空白の時間がつきまとうものだが。

僕の路線バス旅はその後、バンコクに飛ぶことになる。コロナ禍が去り、僕は頻繁にバンコクを訪れるようになる。そこで円安とコロナ禍を経てじりじりとあがるタイの物価高に直面することになる。一時は一万円をタイバーツに両替すると、三千バーツ以上になった。その額が円安で月を追うように減っていってしまった。いまでは二千五百バーツにも達しない。そこに物価高が追い打ちをかける。コロナ禍前は一杯四十バーツ程度だったクイッティオというそばがいまや五十バーツを超えるようになってしまった。

なんとか出費を抑えなくては……。バンコクにはBTSという高架電車とMRTという地下鉄が走っている。この運賃を高く感じるようになった。BTSは少し乗っただけですぐ三十バーツを超えてしまう。コロナ禍が終わり、三年ぶりにバンコクを訪ねた知人も同じような感想を抱いていた。

「BTSに乗って市内をぐるぐるまわると、すぐに百バーツを超えてしまうんです。百バーツといえば、コロナ禍前は二百九十円ほどだった。ところがいまは四百円。タイはもう安い国じゃなくなりましたよ」

そこで目をつけたのが路線バスだった。BTSは最初の一区間が十七バーツ、二区間が二十五バーツとあがっていく。しかし冷房のない路線バスは一律八バーツか十バーツなのだ。BTSに比べると格段に安かった。

しかし路線バスはその土地に詳しくないと乗りこなすのは難しい。日本でも知らない街の路線バスは簡単ではない。ましてやバンコクである。この街には足かけ二年ほど暮らしてはいるが、路線バスのルートまでわかるエリアは限られている。

そんなバンコクにViaBusという無料アプリが登場した。バス停でこのアプリを開くと、そこを通る路線バスとそのルートが表示される。英語版もあるから外国人でも使うことができる。表示されたバス停と地図を照合していけば、なんとか乗りこなすことができる。まあ、なんとかだが。

僕はこのアプリを駆使して路線バスに乗る日々をすごすようになっていた。かつてバンコクにBTSやMRTがなかった頃、市民の足は路線バスだった。タクシーやトゥクトゥク、バイクタクシーもあったがやはり高い。当時のバスに比べるといまのそれは、日本の路線バスに似てきていた。通路を挟んでふたりがけの席というタイプではなく、窓に沿ってひとり用の席が並ぶタイプが多い。これならひとりで車窓を眺めることができる。八バーツと十バーツのバスは冷房がないから、窓は開け放たれている。路上の騒音が流れ込むのは昔と変わりはないが。

東京での路線バスの旅をはじめたのは旅への渇望からだった。しかしバンコクでは円安に対抗するための路線バスだった。長くつらいバスの旅、そして路線バス。僕の旅はバスという星を背負っているのだろうか。

さて、まもなく七十歳。シルバーパスを手に入れたら乗ろうと心に決めている路線がふたつある。ひとつは王78という番号が振られた都バス。これは新宿駅から王子駅までの約十八キロを走る。二三区内を走る都バスのなかでも最長路線だ。そして梅70。これは花小金井駅から青梅《おうめ》車庫まで約二十九キロを二時間近くかけて走る。都バス路線のなかでは最も長い。もっともこの路線は始発から終点まで乗ると五百七十円。シルバーパスは二百十円区間が対象のようで、差額を払うことになるが。

馬場中華

都バスの小滝橋車庫を発車したバスは、早稲田通りを高田馬場駅に向かって進んで行く。その途中の車窓風景をまるで点検するかのように見入ることが多い。その道筋には、アジア系の店が次々にオープンしているのだ。中国、ベトナム、中東系、タイ、台湾、ミャンマー……。韓国系の店は大久保界隈に集中しているようで、この通りには多くない。

勢いがあるのは中国系だ。それもいま風の中国の店が多い。東京周辺の中華系の店が集まる一帯は、横浜の中華街のほか、池袋、西川口などにある。そしてこの早稲田通り。高田馬場周辺といってもいいかもしれない。新興中華街がこの一帯だと思う。

それは店名をみればすぐにわかる。店名に簡体字《かんたいじ》が使われているのだ。中国語は香港や台湾で使われている繁体字《はんたいじ》と大陸の中国で使われている簡体字がある。日本人は繁体字なら発音はわからなくてもなんとか読むことができる場合が多い。しかし略した漢字が多い簡体字は想像力で読むのが難しいことがしばしばしばある。

以前、湖南省の長沙からバスで広州まで向かおうとしたことがあった。僕は中国語を話すことができないから筆談に頼ることになる。「広州」と書いたメモを差し出したが、発券カウンターの女性は首を傾げるばかりだった。掲げてあった時刻表を見ると「广州」という地名がある。これだろうか。調べると簡体字では「広」は「广」だった。ここまで略されると……なかなか読めない。

そういった文字を使った店名が、小滝橋車庫から高田馬場あたりまでは何軒もみつかるのだ。ということは、この界隈にある店は日本人を相手にしていないことになる。

客の大半は中国人の留学生だった。高田馬場界隈を歩いていると、中国人向けの予備校の看板をよく見かける。中国にかかわる仕事をする知人はこう説明してくれた。

「大陸の中国は大学に入るのは大変。そして卒業しても就職難。そのくらいなら日本の大学を卒業して、日本で就職って考える中国人は多いんです。給料を考えると、アメリカやカナダのほうがいいけど、治安の問題や中国から遠いというデメリットがある。とくに娘さんをもつ親は日本のほうが……と考えるみ

高田馬場駅近くにこんな店も。店名を眺め、しばし悩む

僕の昼食はたまにバインミー。高田馬場界隈で簡単に買うことができる

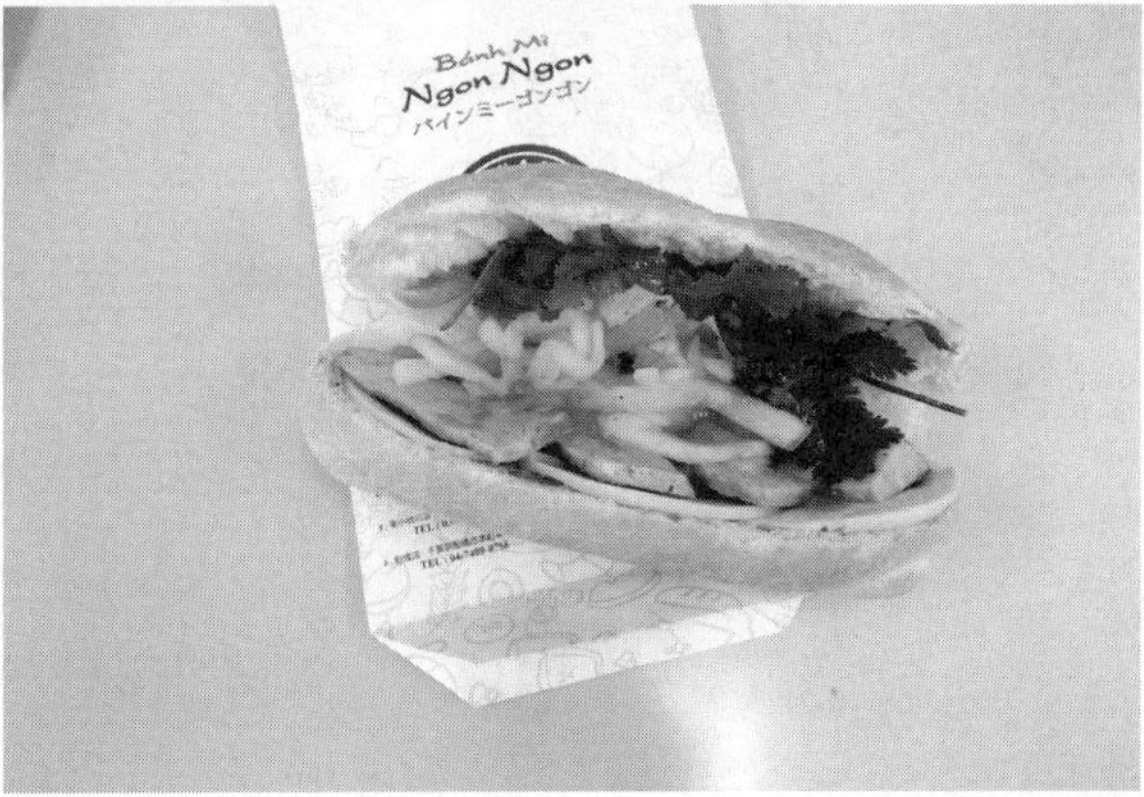

たい」

海外に子供を留学させる親は中国の富裕層が多い。留学生は潤沢な仕送りで生活しているという。日本人にしたら少し高い料金でも気にならないらしい。何軒か入ってみたが、一杯千円を超える麺のメニューがずらりと並び、留学生たちは平気な顔で啜っている。そこに目をつけた中国のチェーン店が次々に出店し、新しい中華街がつくられつつある。そんな話を知人としていると、

「馬場中華だな」

という言葉が返ってきた。馬場中華……。やがて皆が知る呼び名になるかもしれない。

このエリアに詳しいサイトを見ると、留学生をあてこんだ店はすでに五十軒を超えているという。

そんな勢いに気圧され、中国料理店を眺める。僕の世代は、「アジアは安い」というイメージが刷り込まれているから、新興中国にはなかなかついていけない。

僕が、ときどき買うのはベトナムのバインミーである。ベトナム風フランスパンに、ハムやパテ、日本のなますに近い漬物、パクチーなどを挟んでくれる

サンドイッチだ。ベトナムを旅するときの朝はいつもこのバインミーだった。高田馬場で買うそれは、パンが大きく、パリパリしていて、日本人の好みに合わせているが、六百円ほど。中国系より安い。いつもテイクアウトで、できるまでベトナム人と一緒に外のベンチで待つことが多い。周りに座るベトナム人は、控えめで、できあがるバインミーを静かに待っている。僕はこのほうがしっくりくる。

第七章

尾崎放哉。小豆島ひとり酒

尾崎放哉《おざきほうさい》というひとりの俳人が小豆島《しょうどしま》に辿り着き、ここで死んでいったことは、島の記憶から消えてしまったかのようだった。島の土庄町《とのしょうちょう》には、尾崎放哉記念館があるのだが、高松港から乗ったフェリー「第二しょうどしま丸」の船内に掲げられていた小豆島の観光スポットのポスターには、この記念館は紹介されていなかった。

たしかに明るい話ではない。結核に侵され、小豆島の西光寺の別院というか、南郷庵《みなんごあん》という小さな庵の庵主《あんじゅ》になって八カ月。尾崎放哉は息をひきとっている。島に暮らしたというにはあまりに短く、金はなく、ただ衰えていく日々は、明るさなどなにもない。冷たくいえば、小豆島に死ぬために渡ったようなものだ。

小豆島を気に入っていて、なんとかここに住みたいと渡ってきたわけでもない。たまたま受け入れてくれる庵があっただけの話だ。むしろ島にしたらお荷物のような存在である。

オリーブの島を標榜する島の観光イメージからすればマイナスの空気をまとっている。島の観光スポットから消えてしまうのはしかたないことかもしれない。

しかし気になる存在だった。シニアのひとり旅を考えたとき、南郷庵に近い丘の上から瀬戸内の海を眺めながら酒を飲んでみたかった。

東京から飛行機で高松空港に向かい、そこからバスで小豆島に向かうフェリー乗り場に向かった。ちょうど昼どきだった。フェリーターミナルでうどんでもと思っていた。香川県である。うどんを食べるのは、どこかあいさつのような気もする。

しかしフェリーターミナルは切符売り場とベンチが並んでいるだけだった。売店もなかった。時刻表を見ると、高松から小豆島に行くフェリーや高速艇は一日に三十便もある。この本で紹介している苫小牧《とまこまい》発仙台行きフェリーなどとは違い、島の人にしたらバスに乗るような感覚なのかもしれない。そこにうどん屋を開くような発想すらない気もした。

しかしフェリーはなかなか立派だった。一階にトラックや乗用車などの車両が入り、二階の客室にあがると売店があった。短冊型のメニューが吊るされ、そこにうどんがあった。きつねうどん、四百五十円。頼むと女性の店員は、金属製の湯切りざるに手早くうどんを入れて湯に沈める。スープを丼にとり……という、東京でいったら駅そば感覚で出してくれるうどんだった。

シニアひとり旅のルートを考えていたとき、食ははずせないテーマだと思っていた。シニアの読者には食通もいるだろう。彼らにとって旅先での食事は、楽しみのひとつで、旅の目的にもなるはずだ。それはわかっているのだが、放哉という俳人が死んだ小豆島への旅をはじめると、食べることがおざなりになっていってしまう。食にこだわる人なら、フェリー乗り場に行く前に、高松市内のうどん有名店に寄るのだろうが、僕は、「放哉の記念館はちゃんと開いているだろうか」などと気をもんで先を急いでしまう。そして船内の売店の駅そばのようなうどんになってしまうのだ。

丼を海が見える窓際のテーブルに置き、うどんを啜《すす》る。東京のうどんよりコシが強い。やはり香川だよな、と呟《つぶや》くのだが、本格的な人気うどんでもないから、それ以上のことを語るのもはばかられる。シニア向けの旅をつづけながら、自分の旅というものがわかってくる。いまさら?という誹《そし》りを受けそうな話だが、僕の旅には、やはり食の要素は薄い。

そのとき考えていたのは、小豆島と四国の距離のようなものだった。病状が悪化した放哉は、本土の病院に入院することをすすめられるのだが、その誘いを頑なに断る。

「私ハ（死ヌ迄此ノ庵を出ない）ト云フ事ヲ承知下サイ」

小豆島に向かうフェリー。船は立派だが、港は簡素

フェリーで食べる讃岐うどん。わかめ
うどん、肉うどんもあった

と手紙に書いている。放哉は島で静かに死のうとするのだ。そこにある四国や本州との距離感のようなものが気になっていた。

高松から小豆島まではフェリーで一時間程である。当時はもっと時間がかかっただろう。その感覚の一端でもフェリー旅から体に刻みたかった。

三階にあたる展望デッキに出てみた。晴れてはいたが風が強い。周囲には瀬戸内の島々がつづき、窮屈そうな海をフェリーは進んでいた。目の前の小島の奥にあるのが小豆島だろうか。

小豆島の土庄港に着いたのはきっかり一時間後だった。港のバスの案内所で訊くと、放哉の記念館に近い国際ホテルに停まるバスがすぐに出るという。急いで乗り込むと、バスは港の周りに広がる寂れた街並みのなかを進みはじめた。十分ほどでバスは国際ホテルというバス停に着いた。降りようとすると運転手からこういわれた。

「いまは満潮だから渡れませんよ」

「……？」

「二時間ぐらい待たないと」

「放哉の記念館に行くんですけど」

土庄港。尾崎放哉もこの丘のような山を船から見たはずだ

「……そう。それなら大丈夫」

運転手がなにをいおうとしたのかわからなかった。バスを降り、スマホで検索してみると、エンジェルロードの話だった。潮が引くと、国際ホテルのバス停から目と鼻の先にある弁天島まで砂の道が現れるようだった。検索したサイトには、「大切な人と手をつないで渡ると、願いが叶うと言われているロマンティックな場所です」と書かれている。

「そういうことか」

鼻白むような思いでスマホを眺めた。若いカップルにしたら人気の道なのだろう。この歳になって、そんな話に心は揺れないが、国際ホテルのバス停で降りる観光客はほぼ全員、エンジェルロードに向かうのだろう。島の観光を考えれば、それは当然のことなのだろうが、シニアのひとり旅は寂れた裏道を歩くような旅にも映ってしまう。ましてや訪ねる先が放哉の記念館である。どうしてもイメージは暗い。そんな旅を選んでいるつもりはないのだが。

バス通りから狭い曲がりくねった道に入った。木造の家々がつづいている。しばらく進むと、左手に広い墓地が現れた。平地から山の斜面に広がっている。おそらくここだろうと入っていくと、瓦屋根の下の壁にひとつの句が書かれた碑が見えた。

――障子あけて置く　海も暮れ切る　放哉

そこが小豆島尾崎放哉記念館だった。彼が暮らした南郷庵を復元し、そこを記念館にしていた。

記念館の入口に、放哉の墓の方向を示す矢印案内があった。導かれるように墓石の間の道を進む。斜面をのぼり、組まれた石垣の上を辿っていくと、放哉の小さな墓があった。周囲の墓に比べると寂しいほどに小さかったが、仏花と日本酒のワンカップが捧げられていた。

尾崎放哉――。彼の句に出合う前に、僕は山頭火《さんとうか》の句に触れていた。若い頃から句に親しんでいたわけではない。しかしなにかの本で、

「迷路のまち」といわれる土庄の家並み。静まり返っていた

尾崎放哉が暮らした庵を復元し、そこが記念館になっていた

——どうしようもないわたしが歩いている
——まっすぐな道でさみしい
——分け入っても分け入っても青い山
といった山頭火の句に出合うと、やはり引きずり込まれてしまう。二十代の前半だっただろうか。若者というものは、そのエネルギーにものをいわせて突き進むようなところがあるが、実は心のなかはコンプレックスが渦巻いているものだ。人生を着実に歩んでいく自信はなく、それでいて親の期待のようなものを背負っているからその足どりはぎこちない。そういった不安定な心情に、山頭火の句は刺さってくる。
——どうしようもないわたしが歩いている
東京の夜の道を歩きながら、山頭火の句がぬっと頭をもたげてくる。それは自戒というより慰めだった。僕は山頭火の句にいたわられていたようなところがあった。山頭火のように放浪をつづける気概もないくせに、ことさらに自分を悲観し、彼の句に甘える。そんな精神状態だったような気がする。
山頭火はエリートであり、インテリだった。精神衰弱のために退学しているが、早稲田大学に入学している。三十代にはツルゲーネフの著作も翻訳しているという。

大地主の家に生まれた。しかし、その家がしだいに没落していくなかで身内の自尽が、彼の心を少しずつ壊していったのかもしれない。

僕は学生時代、ある同人誌にかかわっていた。そのなかに、世間からみれば浮浪者といわれてもおかしくない人がふたりいた。彼らは昼間、路上で寝て、夜、深夜喫茶で原稿用紙に向かっていた。彼らのように生きることなどできないくせに、文学というつながりのなかで感化され、僕はことさら人生を悲観していたのかもしれない。そんな心情に山頭火の句が入り込んでいた。

山頭火は結婚もし、子供もできる。しかししだいに行動は常道をはずしはじめる。しばしば泥酔し、世間からは冷たい視線を浴びるようになっていく。四十代のはじめ、彼は妻子ともわかれ、熊本の寺の寺男になる。一九二三年、大正十二年の話だ。寺男というのは、金もなく、行き場を失った男たちのセーフティーネットのような役割をはたしていた。住職に預けられる形で、寺の雑用をこなす。給料はほとんどないが、食事に困ることはなかった。

しかしそこで酒に溺れることが多く、檀家《だんか》の顰蹙《ひんしゅく》を買い、やがて雲水姿《うんすい》になって放浪の旅にでる。そのなかで句をつくりつづけていくのだ。いってみれば物乞いをつづけながら句を編んでいく日々である。彼の代表句はそのなかで生まれていく。

山頭火に接すれば、当然のように尾崎放哉に辿り着く。

放哉もまたエリートだった。現在の東大である東京帝大の法学部を卒業し、保険会社に就職する。当時、東京帝大の法学部を卒業した学生の多くは、政府系の仕事に就いていったようだが、彼はその軌道に乗ることはできなかった。とはいえ、帝大出の学士である。保険会社のなかの出世コースを歩んでいく。子供はできなかったが結婚もした。

しかし放哉はしだいに酒で身を崩しはじめていく。山頭火も酒のトラブルが多かったが、そこにはどこか精神の失調のにおいがする。それに比べると放哉は、酒そのものが前面に出てくる。会社を休むことが多くなり、やがては退職。放哉も妻と別れ寺男になっていく。そして一九二五年、大正十四年、小豆島に暮らすことになる。南郷庵の庵主になるのだ。庵の主といっても、その庵がなにかを仕切るわけではない。放哉は僧ではないから、島の人たちとの接点はない。雨露をしのぐ家があるというだけの話だった。

放哉は結核を患っていた。小豆島に移ってからは、病状は悪化していく。金がないから満足な食事もとれない。当時、結核は栄養をとって療養するしかなかったが、収入がないのだからどうすることもできなかった。お遍路さんが次々にやってくる春になれば、南郷庵に置かれた蠟燭《ろうそく》が売れる。その収入でなんとか生きのびようとするのだが、その春が本格的にやってくる前に放哉は息を引きとる。

放哉の人生は吉村昭《あきら》の『海も暮れきる』という小説に描かれている。読んだのは二十代だった。小豆島の八カ月を描いているが、それは切ないほどの闘病の日々である。放哉記念館で言葉を交わした女性もこの本を読んでいた。

「かわいそうで涙が止まらなくて」

たしかにそういう読み方もできるが、冷静に辿っていけば、それは放哉が招いた末路でもあった。死を覚悟した日々である。入院を拒み、ひっそりと小豆島の小さな庵で死んでいくことを選ぶのだが、そこは人間である。人恋しく膨大な手紙を書き、知人に酒を飲む金や煙草代《たばこ》を無心する。その文面がまた切ない。

そのなかで放哉は句をつくる。放哉記念館で、南郷庵でつくった二百十六句を印刷したものをもらった。

――咳をしても一人

――入れものが無い　両手で受ける

――春の山のうしろから烟《けむり》が出だした

放哉の代表作といわれる句の多くは、小豆島で詠まれている。

人々の評価とはなんと冷酷なことか。山頭火の代表作の多くが、物乞いをしながらつづけた放浪のなかでできた句だ。放哉のそれも、小さな庵で死を受け入れる日々のなかで生まれた。

放哉と山頭火にはいくつかの共通点がある。ひとつは自由律という句の世界であり、そして酒だった。放哉と山頭火は、自由律俳句の世界で最も有名な俳人である。

僕は十年以上、ひとつの句会に加わり、俳句をつくっている。いくらつくっても、いまだに俳句というものがわからない凡人でもある。俳句は五七五で構成される。上五、中七、下五といわれる。五文字、七文字、五文字しか使えないのだ。そこに季語という制約も加わってくる。いってみれば、制約だらけの詩なのだ。そこに縛られ、なかなか句ができないとき、もう五文字あったら……などと考えることはしばしばだ。

この上五、中七、下五という制約をとっ払ったものが自由律俳句である。この世界は俳人の河東碧梧桐《かわひがしへきごとう》や大須賀乙字《おおすがおつじ》によってつくられていったといわれるが、荻原《おぎわら》井泉水《せいせんすい》がまだ徹底していないと批判し、『層雲』という雑誌を創刊する。山頭火と放哉はこの雑誌に加わっていく。

しかし自由律俳句の研究者の多くが、ふたりが自滅していく入口はこの自由律だったという。そのあたりは僕にはよくわからない。上五、中七、下五という制約をはずしたことが、なぜ自滅につながっていくのか。『放哉評伝』（村上護著。春陽堂書店）にはこう書かれている。

「山頭火も放哉も、かつては有季定型の伝統俳句で鍛えた人だ。そんな二人が自由律俳句に転向し、やがては身まで持ち崩して行く。つまりは俳句を道づれにしての自壊であったか、俳句に道づれにされての自壊であったか。いずれにしても当時の自由律俳句には、どこか魔力のようなものがあった」

放哉の自壊といえば酒である。その奥に自由律俳句があったのか。

たしかに自由というものは怖さを隠しもっている。上五、中七、下五という制約を離れ、自由に句をつくることができるといわれたとき、開放感と同時にどこまでつづいているのかわからない洞窟に足を踏み入れるような怖れがある。

しかしなぜ、その怖さが酒につながるのか。

放哉の知人のひとりは、嗜酒症《ししゅしょう》ではないかといっている。精神的な不安を抑え込もうとして酒を飲む。飲みはじめると酔いつぶれるまで進んでしまい、攻撃的で粗暴な言葉を吐くようになるのだという。しかしその不安を誘引したのが自由律俳句なのか。そのあたりがわからない。

前出の『放哉評伝』ではこんな話も紹介されている。

「朝起きると、庭に朝顔の花が咲いている。これは一句できそうだなと思うとつい一ぱい呑みたくなる。一ぱいつけさせて句を考えるうちに一本あけてしまう。（中略）そのうちにぐでんぐでんに酔ってしまってひっくり返って寝てしまう。とうとう一日休んでしまう。翌朝になるとまた朝顔が咲いている。今日は一つ作ろうと思って一ぱい呑む。そうして杯を重ねて句ができないまま寝てしまう」

こういう話を読むと、のんきな俳人譚のようにも聞こえるが、こうして会社を休みつづけ、放哉は退職に追い込まれていくわけだから、自由律俳句は魔物にも思えてくる。

山頭火もこんな言葉を残している。

「無駄に無駄を重ねたような一生だった、それに酒をたえず注いで、そこから句が生まれたような一生だった」

放哉の酒は病的なものとして周囲の人には映っている。暴力をふるうことはなかったようだが、言葉で相手を徹底的に攻撃してしまうのだ。おそらく自らはもっと評価されていいという思いや学歴と現実との折合いがつかなかったことなどがある気もする。酒を飲まなければ無口の帝大出の学士だった。仕事はかなりできた。しかし、酒が入ると豹変《ひょうへん》した。そして猛烈な後悔が彼を襲う。

『放哉評伝』には、自由律俳句を牽引した荻原井泉水の言葉も紹介されている。

「酒の上の放哉とシラフの放哉とは同一の人間だとは思われないほどである。そこに彼の人間的な矛盾と苦悩とがうまれる。酒が醒めると、酒のうえの自分をはげしく後悔する。ザンゲする」

放哉が寺に入っていったのは酒が彼にもたらした自己嫌悪だったのだろう。寺男になることを妻も止めず、死ぬまで放哉に会うことはなかったが、放哉の病的な酒をいちばん知っていたのは妻だったのかもしれない。

放哉の記念館を出、僕は高台を探した。病魔に侵され、南郷庵でつましい生活を送る放哉は膨大な手紙を書いた。一日に二通、三通と送っている。手紙を受けとった俳句仲間のなかには、放哉のもとを訪ねてくる人もいた。その客が高松からの船に乗ってやってくる。放哉は庵で待つことができず、結核の体で裏山にのぼり、やってくる船を探した。

いまの南郷庵の建物は復元されたものだが、ほぼ同じ場所に建っている。眺めるとたしかに裏手は山である。しかしそこにはいま、海蘆《かいろ》というホテルが建っていた。

請願之塔の前でワンカップ。僕のシニア旅は酒に行きついてしまう

瀬戸内の海を眺めることができるホテルだ。庵からホテルまでの斜面は墓地になっていた。墓地はフェンスに囲まれていたから、ホテルに抜けることができない。

裏山とは反対の方向を眺めると、小高い丘の上に三重の塔が見えた。そこからなら、放哉がやってくる船を探した海が見えるような気がした。

それは西光寺の請願之塔というようだった。放哉が暮らした南郷庵は西光寺のものだった。

そこにのぼってみることにした。この一帯は「迷路のまち」として知られていた。南北朝時代、小豆島も戦乱に巻き込まれ、防衛の目的で攻めにくい迷路を張り巡らせたのだという。請願之塔はどこからも見える高さなのだが、その周辺は迷路。なかなか近づかなかった。家々に囲まれた細い路地をいくつかまがり、ようやく塔にのぼる石段に辿り着いた。

塔の上からは海が見えた。午後から雲が出、海は冬の色をしていたが、降り重なるような島の間に静かな海面が見渡せた。おそらく放哉は高松方面からやってくる船を探すために目を凝らしたのだろう。

実は小豆島に渡るフェリーの売店で、ワンカップの酒をひとつ買っていた。「川鶴　銭形カップ」というラベルが貼ってあった。ビールとも思ったが、放哉だから日本酒のような気がした。

塔の前にはベンチがあった。そこに座り、ワンカップを開ける。放哉は海が好きだった。小豆島に渡る前、放哉には台湾に行く話がもちあがっていた。結局、その話がうまくいかず、小豆島に頼ることになるが、その前に行き先の希望を四つ出し、荻原井泉水に伝えている。その内容が『海も暮れきる』に紹介されている。
○淋シイ処デモヨイカラ、番人ガシタイ。
○近所ノ子供ニ読書ヤ英語デモ教ヘテ、タバコ代位モラヒタイ。
○小サイ庵デヨイ。

○ソレカラ、スグ、ソバニ海ガアルト、尤《もっと》もヨイ。

島の人に訊くと、当時の小豆島は塩田が広がっていたという。庵のすぐそばまで海だったようだ。

海を眺めながらワンカップの日本酒に口をつける。

僕は酒を飲む。はじめて飲んだのは高校生のときだ。クラスのコンパがあり、その後、仲間で裏山にのぼった。ひとりがサントリーレッドを駅の売店で買ってきていた。酒の飲み方も知らないから、ストレートで飲むうちに、皆、酔うどころか気持ちが悪くなってくる。ひとりが寝込んでしまった。仲間が僕に背負うようにいった。裏山からおろそうとしたのだ。僕は山岳部だった。

背負って坂をくだったが、その途中で背負われた同級生が吐いてしまった。へどが首筋から背中に流れ込む。あの気持ちの悪さはいまでも覚えている。

人には酒癖というものがあることを知るのは大学に入ってからだ。僕は大学の新聞会に入った。当時の大学の新聞は全共闘時代のセクトの影響を受けていて、僕が入った大学新聞は中核系の先輩が多かった。しばしば酒を飲んだ。そのなかにSさんという先輩がいた。小柄な人だったが、酒を飲むと目つきが変わった。飲み屋を出、駅に向かう途中に交番があった。Sさんはその前で突然走りだし、交番の前に立つ警官に体当たりをした。僕らは慌てて交番に走った。

Sさんはしばしば中核派のデモに加わっていた。その思いが酒で増幅されるのだろうか。酒を飲むと、決まって警官に体当たりし、路上に転がった。

新聞社に就職し、毎日のように酒を飲むようになった。勤め先は東京の大手町だったから、神田で飲むことが多かった。景気がいい時代だった。タクシーチケットを渡されていたから、終電を気にすることもなかった。

それから四十年以上、僕は毎日のように酒を飲んできた。旅に出る仕事が多くなり、パキスタンやアフガニスタン、イランなどの国を歩くときは一カ月ほど酒を飲まない日々がつづいたが、それ以外は夜になるとビールに手がのびる。

これだけ飲んでいるのだから、酒の失敗は山ほどある。財布を落としたことは何回かある。原稿を打ち込んだパソコンが入った鞄を盗られたこともある。四谷の居酒屋での飲み会が終わり、タクシーに乗ったのだが、途中で気持ちが悪くなってしまった。新宿をすぎたところで降り、植え込みに吐いてしまった。そのまま縁石に座っていたのだが、つい寝入ってしまったのか、気がつくと鞄が消えていた。おぼろげな記憶のなかに、「こんなところで寝ると危ないから、鞄をコインロッカーに入れておくから」という言葉が残っている。僕は同意したのだろうか。やはり酒はときに失敗を招く。トラブルがなくても、二日酔いの朝は落ち込む。生きるエネルギーが吸いとられたような気になる。

これまで二回、酒の席で口喧嘩をしたことがある。一回は新宿。大学時代の仲間と飲んでいた。小さな店だった。その理由すら記憶にないのだが、店の主人と口論になってしまった。仲間が間に入ってくれたが。もう一回は事務所の仲間と原宿の居酒屋に入ったときだった。このときもなぜそうなったのか記憶はないのだが、事務所で机を並べる仲間に僕は大声を出していた。

虫の居所が悪かったのか、体調を壊していたのか。酒がある量を超えたとき、僕は制御が利かなくなっていた。理由もわからないのだが、僕のなかに潜む別の人格が大声をあげている……。その記憶だけが鮮明に残っている。酒に酔っていたはずなのに、妙に醒めている。そんな不思議な記憶である。

そのとき、酒は怖いと思った。ある一点を越えると別の人格が顔をのぞかせる……。

荻原井泉水が放哉を、「酒の上の放哉とシラフの放哉とは同一の人間だとは思われないほどである」と語っている。放哉という俳人は、酒を飲むことで人格が乖離《かいり》していったのかもしれない。

『海も暮れきる』には、酒を飲む場面がときどき登場する。吉村昭は、彼の手紙に目を通し、関係者からも詳しく話を聞いている。小説の形をとっているが、そこに書かれた内容は事実にかなり近い。放哉はよく酒を飲んだが、穏やかに酒の席を終えることも多かったこともわかる。しかしある境界を越えると言葉に険《けん》が滲《にじ》みはじめる。そしてやがて激しさを増し、相手を罵倒する言葉が出てきてしまうのだ。

それはやはり不安のためだろうか……。

ワンカップの酒を少しずつ飲みながら考えてみる。

海がそばにある庵を求めた心情と酒に酔って人を罵倒する人格に変わってしまうことをつなぐ糸を探ろうとする。それは僕が大声を出した記憶を探っていくということだろうか。

――山に登れば淋しい村がみんな見える

放哉は南郷庵の裏山にのぼり、こんな句を詠んだ。

――海が少し見える小さい窓一つもつ

南郷庵でこんな句もつくっている。

放哉と山頭火。このふたりにはもうひとつの共通点がある。小豆島を四国というには異論があるかもしれない。香川県に属し、八十八カ所を巡るお遍路もあるため、昔から島四国《しましこく》とも呼ばれてきた。そんな拡大解釈を許してもらえば、放哉と山頭火はともに四国で死んでいる。

山頭火は最後には愛媛県の松山にある一草庵《いっそうあん》で息を引きとっている。

ふたりとも、四国という土地に引かれて移り住んだわけではない。放哉は『層雲』の同人である人物を頼って小豆島に渡っている。自由律俳句をつくる知人だったが、放哉のように身をもち崩した人物ではなく、小豆島で醬油を醸造する名家の主人だった。山頭火も俳句の仲間の斡旋で四国に渡っている。松山の御幸寺の境内にあった家を紹介され、山頭火はそこを一草庵と名づけた。

その程度の違いはあるが、ふたりとも島の人々に支えられている。そこに四国というエリアの風土があるような気もする。

四国にはお遍路がある。お遍路というのは本来、空海が霊場を辿って修行を積んだ道である。空海の後を追う僧の修行の道でもあった。それは高野山にも通じるものがある。しかし江戸時代になると、空海ゆかりの寺を巡ることで霊験《れいげん》を得る旅が流行っていく。それが現代のお遍路にもつながっている。

しかしお遍路を巡る人、つまりお遍路さんには、少数ではあったが、お遍路さんで生きていく人々がいた。そこには農家の次男や三男、村を追われた人、困窮者、病気や障害のある人も含まれていた。さらには犯罪者もいた。彼らは野宿をしながら托鉢《たくはつ》をつづけるお遍路さんで、草遍路とか生活遍路とも呼ばれていた。お遍路のもうひとつの顔だった。

幸月事件がある。二〇〇三年に起きている。幸月というひとりの草遍路がいた。白装束に白い髭《ひげ》の老人で、草遍路をつづけながら俳句をつくっていた。彼の存在が知られるようになり、幸月はＮＨＫのドキュメンタリーにも出演した。しかしそれがきっかけで彼は逮捕される。幸月は偽名で、殺人未遂犯で指名手配されている人物だった。

しかしこの事件が、お遍路さんを受け入れる四国の人たちに波紋を投げかけてしまう。幸月は人気の草遍路で、助ける人も多かったのだ。しかしそれ以前に、四国には、お遍路さんの素性を訊かないという不文律のようなものがあった。お遍路さんはいまでこそ、美談で語られ、踏破した人は得意げに語るが、かつては、金もなく、社会から追い出されてしまった行き場のない人も含まれていた。それを四国の人たちは受け入れてきた。

「小豆島はそういう人に対してはシビアなところがあるといわれます。四国のほうが、お遍路さんを無条件で受け入れる風土があるっていいますね」

尾崎放哉の墓。裏山につづく斜面に建っていた

小豆島の人はそうも語る。

放哉はお遍路さんになる体力もなかったが、行き場のない俳人だった。山頭火は実際にお遍路さんとして歩いてもいるが、まさに草遍路の俳人だった。

ふたりを招き入れた俳人仲間は、そんな風土をわかって呼んだのだろうか。実際、放哉の小豆島の八カ月は、島の人に支えられていく。

南郷庵のすぐ近くに住んでいた漁師の妻のシゲという中年の女性もそのひとりだった。家が近いというだけの理由で、放哉は手紙を送ることや、西光寺などへの連絡を頼むようになる。やがて放哉の衰弱が激しくなると、シゲは毎日、南郷庵に通い、世話をするようになる。放哉は最後には立つことも難しくなっていくが、そのときもシゲが寄り添い、最後には下の世話までしてくれた。

シゲという女性が、放哉のことをどこまで知っていたのかはわからない。放哉が小豆島から送った手紙は、公表されているだけで四百通を超えているという。その多くをシゲが出している。その多さに、文筆にかかわる人物……という憶測はあったかもしれないが、それはシゲにとっての関心事ではなかった。放哉はほとんど金がなかったが、シゲは世話代をもらうことなど考えてもいなかった。そんな放哉を受け入れる小豆島とはなんなのだろうか。

請願之塔の前にあるベンチでぼんやりしてしまった。ここからは土庄の街がよく見える。迷路がつづく街並みは海岸で途切れ、そこにはザグザグというドラッグストアやダイソーの看板が見える。その先はもう海だ。

風が強まり、海も少しずつ暗くなりはじめていた。

――障子をあけて置く　海も暮れ切る

放哉の句を思い出しながら腰をあげた。この街での放哉の存在感はすでに薄い。しかし僕は気にかかってしかたない。

小豆島でお遍路

小豆島には八十八ケ所霊場巡りがある。お遍路である。尾崎放哉が小豆島に向かったのはこのお遍路が目的ではないが、期待もしていた。放哉が住むことになった南郷庵は西光寺の別院という扱いだった。西光寺は八十八ケ所の霊場のひとつだ。お遍路さんは南郷庵にもやってきて、祈禱で使う蠟燭を買う。実際、お遍路さんが増える春を前に、大量の蠟燭が西光寺から南郷庵に届けられていた。その売りあげが放哉の収入になった。

しかしその収入では一年を暮らすことなどとてもできないことを、放哉は島に渡ってから知る。ひどく落胆し、生活費をどうするか……途方に暮れることになる。

お遍路といえば、まず四国のお遍路が思い浮かぶ。小豆島のお遍路はそのミニチュア版とも思えてしまうが、その由緒は四国にも劣らぬものだった。四国のお遍路は空海の修行の道がベースになっている。その空海が京都に出向くとき、途中の小豆島に寄り、修行を重ねたことがルーツになっているようだ。

そんなことから、小豆島のお遍路は四国より早くつくられていたという説もあるらしい。瀬戸内海の島のなかには小豆島のようなお遍路があるところもある。しかしそのなかには、四国のお遍路が大変なので、それをコンパクトにまとめたものというお遍路もある。しかし小豆島のお遍路は独自のもので、別格のようだ。

しかし実際にお遍路を歩こうとする人たちにしたら、小豆島のお遍路は魅力的に映る。とにかく短い。四国のお遍路に比べると、その距離は十分の一ほどだ。ネームバリューからすれば、どうしても四国になってしまうのだろうが、実際はバスや電車に歩きを加えてまわることが多い。しかしそんな乗り物に頼らず、自分の足だけで巡りたい……という頑固な人には、小豆島のほうが向いているのかもしれない。

シニアになると、巡礼という言葉に魅力を感じるようになる。人間、六十年以上も生きてくれば、心のなかにわだかまりは溜まってくる。後悔もある。いまとなってはどうしようもないが、なんとか……という思いに駆られるからだ。それはなにも日本人に限ったことではない。スペインの巡礼路、カミーノ・デ・サンティアゴは、コロナ禍前、年間三十五万人もの人が歩いていたという。巡

尾崎放哉記念館の前には、墓石が積まれた塔があった

礼という行為は、どこか懺悔《ざんげ》、贖罪《しょくざい》、感謝という言葉と相性がいい。日本人も同じで、お遍路はシニアにとっても魅力的な旅でもある。僕のところにも、たまに「四国のお遍路を歩いてきました」という連絡が届く。

小豆島のお遍路は、四国のお遍路の距離の十分の一と紹介したが、そう簡単なものではないようだ。四国のお遍路は比較的平坦な道がつづくが、小豆島のそれは洞窟や崖の途中に霊場があるなど、山岳霊場の趣を備えている。小豆島のお遍路は、別名、島遍路と呼ばれるが、島のなかを歩くわけで、おのずと険しい山道を歩くことになる。単にその距離が短いだけで、ある意味、健脚向きのお遍路ともいえる。しかし風景は変化に富んでいる。

小豆島のお遍路を歩くなら、小豆島に住んでいる内澤旬子さんが書いた『内澤旬子の島へんろの記』（光文社）をまず読んでみるといい。彼女は八十八ケ所霊場のすべてを歩いてまわった。その旅を口語を巧みに使った内澤文体で軽快に読ませてくれる。僕は彼女の文体のファンでもある。実は昔からの知り合いで、今回も島の話をいろいろ聞かせてもらった。彼女はヤギと暮らしていて、餌の草を積む軽トラで土庄港まで送ってくれた。

おわりに

コロナ禍が明けた二〇二三年の夏、ひとり旅に出た。

円安も手伝い、日本にやってくる旅行者は急増していたが、逆に海外に向かう日本人の腰は重かった。新型コロナウイルスが蔓延し、海外への旅ができなくなった間に、日本人の海外旅行熱は憑き物がとれたかのように冷めてしまったのだろうか。航空券の高さや、現地の物価の上昇を皆、口にするが、それはいいわけの響きを伴っていた。

それは僕にも通じていた。コロナ禍の間、僕の海外に出る回数は激減した。コロナ禍前は二カ月に二、三回は海外に出向いていたが、その回数は二カ月に一回ほどになっていた。ホテル隔離もあり、とても旅とはいえなかった。

旅を再開しようと思った。十代の後半、はじめてひとり旅をしたときのように国内を歩きはじめようか。

それで旅心を思い出す？

旅の勘をとり戻すためのリハビリ？

まず北海道に向かった。そこからフェリーで仙台へ。岩手県の花巻にも向かった。東京の高尾山や暗渠道散歩。そして瀬戸内海の小豆島に渡った。

旅が戻ってきた……その実感のようなものを味わったのは、苫小牧のフェリーターミナルだった。最初に向かった北海道で、すぐに旅が手中に帰ってきたとき、なんて早いんだ、と思った。やはり旅ばかりつづけてきたからだろうか。三年間のブランクを、一瞬のうちにとり返してしまう。僕はそういう人生を歩んできたらしい。

そのとき、フェリーターミナルの屋上に出て、目の前にある仙台行きフェリーを眺めていた。フェリーというものはなかなか出航しない。列車や飛行機とは違う。そんな時間感覚に放り込まれたとき、これまで乗ったいくつかのフェリーの旅が蘇ってきた。

「サハリンのホルムスクから間宮海峡を渡ってシベリアに向かう船もなかなか出航しなかったなぁ」

「トルクメニスタンからアゼルバイジャンまでカスピ海を渡るフェリーは、まだ運航しているだろうか」

フェリーの出航を待つ時間を苫小牧のフェリーターミナルで受け入れたとき、旅というものが音をたて、ぎしぎしと体に戻ってきた。

こんなに簡単なことだったのか。

いや、それは僕だけの話だろうか。

旅はどれも味わい深かった。日本国内の旅は、ときに若い頃の記憶が覆いかぶさってくる。しばしば口ごもり、足どりも重くなる。しかしいまの年齢でしか味わえないものが確実にあった。千葉のホキ美術館を訪ねたときに実感した。

いまでも原稿を書くことに疲れると暗渠道散歩に出ている。天気がいい朝は高尾山を登ろうかと思う。事務所に向かうときはよく都バスを使っている。

出版にあたり、朝日新聞出版の大原智子さんのお世話になった。

下川裕治

二〇二四年二月

JASRAC 出 2400716-401

シニアになって、ひとり旅《たび》　朝日文庫

2024年4月30日　第1刷発行

著　者　下《しも》川《かわ》裕《ゆう》治《じ》

発行者　宇都宮健太朗
発行所　朝日新聞出版
〒104-8011　東京都中央区築地5-3-2
電話　03-5541-8832(編集)
03-5540-7793(販売)
印刷製本　大日本印刷株式会社

Published in Japan by Asahi Shimbun Publications Inc.
定価はカバーに表示してあります

ISBN978-4-02-262096-5

落丁・乱丁の場合は弊社業務部(電話 03-5540-7800)へご連絡ください。

送料弊社負担にてお取り替えいたします。

下川 裕治

12万円で世界を歩く

赤道直下、ヒマラヤ、カリブ海……。パック旅行では体験できない貧乏旅行報告に、コースガイド新情報を付した決定版。一部カラー。

下川 裕治／写真・中田 浩資

週末アジアでちょっと幸せ

ベトナムから中国へ国境を歩いて越える。マラッカ海峡で夕日を見ながらビールを飲む。週末、とろけるような旅の時間が待っている。

下川 裕治／写真・阿部 稔哉

週末バンコクでちょっと脱力

金曜日の仕事を終えたら最終便でバンコクへ。朝の屋台、川沿いで飲むビール、早朝マラソン大会。心も体も癒やされる、ゆるくてディープな週末旅。

下川 裕治／写真・阿部 稔哉

週末台湾でちょっと一息

地元の料理店でご飯とスープを自分でよそって、夜市でライスカレーを頬ばる。そして、やっぱりビール。下川ワールドの週末台湾へようこそ。

下川 裕治／写真・阿部 稔哉

週末ベトナムでちょっと一服

バイクの波を眺めながら路上の屋台コーヒーを啜り、バゲットやムール貝から漂うフランスの香りを味わう。ゆるくて深い週末ベトナム。

下川 裕治／写真・阿部 稔哉

週末沖縄でちょっとゆるり

アジアが潜む沖縄そば、マイペースなおばぁ、突っ込みどころ満載の看板……日本なのになんだかゆるい沖縄で、甘い香りの風に吹かれる週末旅。

朝日文庫

週末香港・マカオでちょっとエキゾチック
下川 裕治／写真・阿部 稔哉
茶餐廳の変な料理や重慶大廈の異空間。大粒の雨のなか涙する香港人とカジノ景気を利用するマカオ人。九〇年代に返還された二つの街を見つめる。

週末ソウルでちょっとほっこり
下川 裕治／写真・阿部 稔哉
日本との共通点は多いが、言葉で苦労する国。ハングルメニューの注文のコツを覚え、韓国人とともに飲み、Kポップの世界に一歩踏み込む。

週末シンガポール・マレーシアでちょっと南国気分
下川 裕治／写真・阿部 稔哉
物価高の街をシンガポールっ子流節約術で泳ぎ抜く。ジョホール海峡を越えるとアジアのスイッチが入り……待ち構えていたのはイスラムの掟⁉

週末ちょっとディープなベトナム旅
下川 裕治／写真・阿部 稔哉
好景気のエネルギーが路上に弾ける、元気なベトナムはいまが旬？ さらに、国境を越えてカンボジアの村と森へも。

12万円で世界を歩くリターンズ
赤道・ヒマラヤ・アメリカ・バングラデシュ編
下川 裕治／写真・阿部 稔哉
赤道越え、ヒマラヤトレッキング、バスでアメリカ一周……八〇年代に『12万円で世界を歩く』で鮮烈デビューした著者が同じルートに再び挑戦。

12万円で世界を歩くリターンズ
タイ・北極圏・長江・サハリン編
下川 裕治／写真・阿部 稔哉
今度はタイと隣国の国境をめぐり、北極圏をめざし、長江を遡る旅へ。さらに、「12万円でサハリンに暮らす」ことにも挑む。